特定行政書士
横須賀 輝尚
Yokosuka Teruhisa

会社を救うプロ士業 会社を潰すダメ士業

税理士・公認会計士・行政書士・
社労士・司法書士・弁護士の選び方、使い方

さくら舎

あの士業が、「金のなる木」だって知ったら、
きっとあなたの士業を見る目も変わるんでしょうね。

はじめに

ある税理士に顧問を依頼したら、数百万円、利益が増えた。
ある社労士に顧問を依頼したら、年間1000万円を超える助成金が受給できた。
あるコンサルタントに仕事を依頼したら、年間数千万円を超える補助金が受給できた。

士業って、どんなイメージがありますか？
「敷居が高い」「融通が利かない」「無駄なランニングコスト」

いろんな意見があるでしょう。
でも、それはあなたが士業のことを何にも知らないから。

世の中、本物のプロ士業と資格を取っただけの人がいます。
この違いは何でしょう？

プロならあなたの会社に潤沢な資金を調達してくれます。

プロならあなたの会社に助成金、補助金を日本中から根こそぎ集めてくれます。

プロ士業は、「金のなる木」です。

これを使わない手はありません。

そして、プロならあなたの経営の問題をすべて解決してくれる。

もう、労務問題で悩むことも、紛争の長期化の心配も、お金の心配もいらないのです。


さて、あらためまして。

本書の著者、横須賀輝尚と申します。

私は、士業専門の経営コンサルタント。

もともとは行政書士で開業しましたが、２００７年からは経営コンサルタントに転向。

そこから13年。

これまで相談を受けた士業の方は２０００名以上。それ以上は覚えていません。相談件数は２万件以上あったかと思います。東京や大阪の都会だけでなく、地方都市もセミナー等で訪れ、あらゆるタイプの士業と会ってきました。

おそらく、私が「日本で最も士業に会ったコンサルタント」です。

その私が、士業の「本当の」活用方法を解説したのが本書。

おそらく、この本を出版することで、日本中の士業から嫌われることでしょう。

そのくらい、士業が秘密にしていたいこともすべて書きました。

あなたは経営者。

もしくは、それを目指す人のはず。

士業を選び、使い倒すというありそうでなかった方法。

士業を「金のなる木」にする話のはじまりです。

目次 ▪ 会社を救うプロ士業　会社を潰すダメ士業
――税理士・公認会計士・行政書士・社労士・司法書士・弁護士の選び方、使い方

第2章　プロ士業の活用で実現できること、本当のプロ士業の使い方　35

第3章　税理士／公認会計士の選び方、使い方　81

第4章　行政書士／社会保険労務士の選び方、使い方　111

第5章 弁護士／司法書士の選び方、使い方

第6章 その他の士業/関連コンサルタントの選び方、使い方

第7章 「もっと評価されるべき」プロ士業

会社を救うプロ士業　会社を潰すダメ士業

——税理士・公認会計士・行政書士・社労士・司法書士・弁護士の選び方、使い方

第1章

士業は「金のなる木」にも「毒」にもなる

私がコロナ禍でブチ切れた話

冒頭では、景気の良い話に触れました。士業が「金のなる木」だなんて、もうその時点で噴飯ものの士業もいると思いますけど、仕事をする以上、お客に貢献してなんぼのもの。士業はきちんと選び、きちんと働かせれば、あなたにお金をもたらし、そしてすべての問題を解決してくれます。

世の中的には、「問題解決」が主な仕事だと思われる士業ですが、使い方によっては、きちんとお金をもたらしてくれる存在なのです。そのあたりを解説していくわけですが、その前に「使えない士業」に依頼していると、こんなことになりますというエピソードをひとつ挙げておきましょう。

できる士業とそうでない士業。２０２０年のコロナ禍で大変明確になりました。

「コロナ禍の影響で、資金繰りがとうとうヤバい」
「もらえると聞いた助成金が一向に入ってこない」
「人件費を支払いたいが、資金が足りない」
「解雇しないと会社が持たないが、解雇要件を満たせない」

「コロナ禍でテレワークにしたのだけど、労務管理ができない」
「正直言って、このままだと倒産してしまうかもしれない」

こんな状況の会社もあったはず。そんなとき、士業は頼れる存在でいてほしいわけなのですが、そうでもなかった。これは実話です。

コロナ禍で世界中が揺れていた２０２０年6月27日。私は友人の紹介で、どうしても、どうしても経営の相談に乗ってほしいという経営者の経営相談に対応していました。経営コンサルティングは私の仕事のひとつですが、普段は士業専門のコンサルタントだし、それにまだまだコロナ禍の影響は強くありましたし、本音を言えばできるだけ人に会いたくない。

でも、友人の紹介というのがまた曲者で、義理堅い私は完全防備で都内某所へ。そこで社長から頂いた相談が、前掲のようなものでした。もう切羽詰まっているのか、私の質問を聞く前に早口でまくし立てる、まくし立てる。

冒頭3分。これはだいぶヤバい状況の相談を受けてしまったと自分の性格を後悔しつつも、ひとつひとつの問題を解決するため、ヒアリングを実施。ふむふむ、なるほど。会社の状況はなんとなく理解できた。

でも、もう6月も終わるし、本当にコロナ禍の影響で経営が傾いたはずなら、３月、４

月、5月、6月と約4か月間にやれることはもっとあったはず。なぜ、ここまでひどいことに……？　と、そこで言いたいことが全部言えたのか、私からある質問をしました。

その回答に、私はブチ切れ。とっさに言っちゃいました。

「そんな税理士と社労士、即刻クビにしてください」と。

有事に逃走した「似非」専門家たち

私がした質問はこれです。

「社長、社長の会社には顧問税理士と顧問社労士がいるわけですよね？　彼ら彼女らは、このコロナ禍で何をやってたんですか？」

いま思い出すだけで腹立たしい。税理士は「資金調達は専門でない」。社労士も「助成金は別料金」で情報すら出してなかったんだとか。

つまり、この有事に逃走してたんです、顧問士業が。新型コロナウイルス感染症は、世界的な災害のようなもの。当然、日本だって例外じゃありません。

普段から資金繰りに苦しんでいる中小企業が倒産してしまう可能性があることは、専門家じゃなくてもわかるもの。こんなときに顧問先に貢献しないなんて、何のために普段顧問料をもらっているのか、本当に理解に苦しみます。

最終的に、社長には別の税理士と社労士を紹介。これであの会社も立ち直るでしょう。私が紹介したのは「プロ士業」ですからね。

中小企業は、有能な「プロ士業」がいれば、倒産することも社員を解雇することもなかった

「士業」そのものの説明をあえて深くする必要はないでしょう。あなたも経営者であれば、士業の存在は知っているはずです。

訴訟・法律問題なら弁護士。税金なら税理士。社会保険・労働保険の専門家は社会保険労務士。許認可なら行政書士。登記なら司法書士。特許商標なら弁理士。

これに加えて、資格の有無を問わない補助金、資金調達のプロの存在。資格の有無との関連性は、２章で解説することにしますが、ともかくあなたが経営者なら、間違いなく顧問税理士はいるでしょうし、規模によっては顧問社労士がいることもあるでしょう。

でも、「士業」だからといって、全員が同じ能力を持っているわけじゃないんです。そりゃ最低限の知識はあります。どんな士業でも資格を持っているわけですから。

ところが、違うんです。

士業によって、レベル差がとんでもないというのは、案外知られていないことなのです。

普段は、なかなかこの違いに気づくことができません。安定的に経営ができていれば、士業の仕事は「手続き」くらいのものですから、ボロも出にくい。

ただ、今回はその「差」が出ちゃいました。

新型コロナウイルス感染症によって、企業はこれまでにない自粛、経営難に追い込まれました。そんなとき、本当に頼れる士業やコンサルタントがそばにいたら、潰れることはなかったのです。

例えば、優秀な税理士や資金調達コンサルタントを懐刀として抱えている企業は、このコロナ禍で儲かりました。

いや、儲かったと言ってはいけませんが、年商３０００万円の企業が年商と同額の３０００万円の融資を真水で受けることができたし、中には3億円以上の資金調達を達成できた企業もあります。

この事例は本当の事例で、この背景にいる「プロ」は、小堺桂悦郎氏。仙台に拠点を持つプロの資金調達コンサルタントで、ベストセラー作家でもあります。

小堺先生を顧問にしていたら、コロナ禍で資金繰りに困ることもなかったし、ましてや倒産の二文字が見えることもなかった。

こういうプロが世の中にはいるのです。税理士業務と資金調達業務の棲み分けのような話は3章で詳しくしますので、まずは付き合いがあれば、会社を潰さないようにしてくれるプロがいると理解していただければ十分。

あなたの税理士、コロナ禍で何かしてくれました？　あるいは、資金調達のプロとの契約って考えたことがありましたか？　言うまでもなく、なーんにもしてくれなかった税理士は即刻契約を解除してください。その顧問料、無駄です。

もうひとつ例を挙げれば、社労士の問題があります。今回のコロナ禍で雇用調整助成金というのが一気に注目を浴びました。

雇用調整助成金、略して「雇調金」と専門家は呼びますが、雇用が維持できなくなり、従業員を休業させせなければならなくなった場合などにその補償をする、そんな内容の助成金です。

最終的に、様式の簡素化などひと悶着ありましたが、２０２０年４月の雇調金対応がもっとも大変でした。当然、コロナ禍なので情報は錯綜し、厚生労働省や労働局の電話はパンクし、激務の中でこれを担当した社労士には頭が上がりません。

顧問先がなんとか雇用の維持をさせようと努力している中、それを助成金手続きで支える社労士。これこそ、企業が求める社労士の姿です。

ところが、ところがです。「助成金は専門外なので」って逃げた社労士もいっぱいいたんですよ。中には雇調金の情報すら顧問先に出さない事務所もあったとか。

通常時はわかりません。事務所の経営戦略的に、あえて助成金業務を行わない。そういう事務所もあります。

でも、でもです。今回のような有事に、「うちの事務所はやらないので」っていう選択肢あると思いますか？　少なくとも、同業者間でなんとかやれる社労士を探すべきだっただろうし、少なくとも情報は出すべきです。それをやらない社労士もいました。

国難とも言われたコロナ禍に、「専門外」って。その社労士も、顧問料の無駄です。もし、あなたが泣く泣く解雇や退職勧奨した社員がいたとして、それは優秀な社労士がいたら回避できたかもしれません。

もちろん、助成金だけの話ではなく、労務問題、労務管理も同じ。

コロナ禍で注目されたもののひとつに「テレワーク」がありますが、優秀な社労士がいれば、社内規程もスムーズにつくれたし、社労士の指導によるテレワーク実施によってかえって生産性を上げた会社もあります。

だんだんおわかりいただけましたか？　世の中には、単なる「士業」と「プロ士業」がいるのです。これを知っているか、知らないかでは大きな差になります。

あ、もちろん危機時に動いてくれるかどうか。それだけがプロの違いじゃありません。普段からあなたの会社に結果をもたらしてくれるのがプロです。もう少し整理して説明していきましょう。

士業とは、いったいどんな存在なのか？

おそらく、あなたの士業のイメージはこんな感じでしょう。

■法律知識はそれなりに持っている
■でも、プライドも敷居も高そう
■知識はあるのかもしれないけど、頭でっかちかなぁ……
■法律的な手続きはそつなくやってくれる
■ただし、何か積極的な提案をしてくれるかというと、そうでもない
■相談したら、「できますよ」って言われることが多いけど、率先して教えてはくれない
■顧問料が無駄に感じることがある
■経営のアドバイスを求めても、教科書的で頼りにならない
■ＩＴリテラシーが低い

と、まあこんなところではないでしょうか。おおよそ、正解です。これに「デリカシー

がない」「社会常識がない」「口ばっかり」「最後は逃げる」を加えていただいてもいいでしょう。

ただし、これはすべての士業のことを指して言っているのではありません。プロ意識のない、代行業者的な士業全般に言えること。プロ意識の高い士業に、こんなことはありえません。

ここでは、士業または士業に隣接する法律的実務を扱うコンサルタントを総称して、「プロ士業」と呼ぶことにします。プロ士業なら、こんなことが可能です。

■常に潤沢な資金調達のアドバイス、計画を立ててくれる。資金の悩みは皆無（税理士、資金調達コンサルタント）
■訴訟になっても問題にならないような労務管理をしてくれる（社会保険労務士）
■リスクなく退職勧奨のアドバイスをしてくれる（社会保険労務士）
■スタートアップに必要な高度な登記、M&A、ストックオプションの対応をしてくれる（司法書士）
■助成金の提案と受給計画を勝手にやってくれ、常に助成金が入る（社会保険労務士）
■もらえる補助金をすべて調査し、教えてくれる。採択率も高い（補助金コンサルタント）

■極めて専門性が高く、また広範囲から法律リスクを教えてくれる（行政書士）
■常に法律改正・新法施行を含んだビジネスチャンスを教えてくれる（全般）
■人脈ハブとなって、取引先や顧客を紹介してくれる（全般）
■ＬＩＮＥ、Chatwork、Slack、Zoom、Skype、あらゆるＩＴツールで対応が可能（全般）
ほか多数

要は、あなたの会社に必要な資金を様々な方法で調達し、あなたの会社の売上を伸ばす要素を常に持ってきてくれる。それがプロ士業なのです。

言い換えれば、プロ意識のない代行業者的な士業にお金を支払うのは、単なるアウトソーシング。プロ士業に依頼するのは、結果が出るコンサルティング。そういうことになります。

多くの企業は、士業に無駄な報酬を支払い続けている

あなたの会社は、税理士に年間どのくらいの報酬を支払っていますか？　おそらく、年間で最低50万円。場合によっては90万円、それ以上ということもあるでしょう。

この報酬額について、これからひとつ事例をお伝えしますが、重要なのは金額の多寡で

はありません。安ければいい、高ければ悪いという単純なものではないということは、先に伝えておきます。

例えば、年間２００万円の税務顧問料を支払っていたとしましょう。個人の税理士事務所に支払うことを考えれば、だいぶ高額な部類に入ります。

しかし、この税理士に依頼することによって、年間数百万円以上の節税ができ、同じく年間数千万円の資金調達ができるなら、安いものです。

つまり、金額の高い低いということではなく、金額に見合った仕事をしてもらっているか。これがポイントになります。

いま、インターネットで税理士と検索すれば、それこそ山のように税理士事務所のウェブサイトがヒットします。その中には顧問料月額１万円を切るような事務所も多々あります。では、この格安事務所がベストなのかといえば、そうではありません。

格安事務所は、基本的に記帳代行はしてくれませんし、試算表（月次決算書）をつくる程度のものです。

要は、あなたの経理をチェックしてまとめてくれるだけ（まあ、試算表をつくらない事務所もありますが……）。当然、節税なり資金調達なりの提案は皆無です。

そりゃそうで、１万円を切る金額で求めるのは無茶な話ということ。

これに対して、高額報酬を支払っている場合は、前掲のとおり。

では、もっとも無駄な報酬額を支払っている可能性が高いのは、70万円前後から100万円程度の年間顧問報酬を支払っている場合です。

もちろん、規模や内容によってサービスは様々です。あ、ちなみに知ってました？　税理士だからといって、すべての税理士が同じ仕事をしてくれるわけではありません。つまり、同じ月額3万円でも、内容は違いますから、価格で比較するのは実にナンセンス。

内容を先に見る必要があるわけです。詳しい内容の差と選択基準は3章に譲りますが、年間100万円程度の報酬を支払っていて、試算表と決算申告書の作成及び申告代行だけなら、その税理士はサボり過ぎです。

資金調達の提案、節税の提案、こういった提案があってしかるべき。もっと働かせないともったいない。そういうことになります。

要は、報酬額と見合ったサービス、報酬額を超える結果を求めた方がいいのです。もっとも、税理士には何も求めていない。ただ経理のチェックだけしてくれればいい。そういう趣旨であれば、月額1万円以下の税理士事務所で十分です。

このあたりの基準もまた後述しますが、何も考えずに依頼してしまうと、無駄な顧問料を支払い続けることになってしまう。そういうわけです。

年間120万円の顧問料で、3億円の資金調達に成功する

前掲の小堺桂悦郎氏などは、顧問報酬との比較では良い例です。小堺氏は、税理士ではありません。資金調達に特化したコンサルタントです。

ですから、小堺氏に依頼をしても、決算書の作成どころか、経理のアドバイスすらありません。ところが、同氏に顧問契約を依頼すれば、企業規模にもよりますが、年間数千万円の資金調達が可能になります。

規模によっては数億円の資金調達を可能にすることも、当然あるわけです。この場合、月額10万円、年間にして120万円の顧問報酬って高いと思いますか？

私にとっては激安です。だって、何億資金調達しても、120万円だけ支払えばいいのですから。

ほかの例を出しましょう。例えば、社会保険労務士。言わずと知れた、労務のプロですが、世間的な認識としては、社会保険・労働保険の手続き、給与計算のアウトソーシング先。助成金申請代行。そんな認識が強いでしょう。

社員が新しく入社した、退社することになった。そういうときに呼ぶ手続き屋さんというイメージが強いでしょうし、実際そうであることが多数です。

ところが、プロ士業の社会保険労務士は手続きがメインの仕事ではありません。プロの社会保険労務士は、手続き以外に力を発揮します。これも事例を挙げましょう。

例えば、あなたの会社で問題社員がいたとしましょう。仕事に対するモチベーションも低く、ほかの社員に悪影響。しかも、なかなか気性が荒く頭の回転だけは速いので、勤務態度を指導すると理路整然と反論してくる。

加えて、ほかの社員に会社の悪評を吹き込み、あるいは部下にはモラルハラスメントのような言動も見られる。ほかの社員からは、辞めたいという相談もちらほら……。

こういった場合のいわゆる「労務問題」も社会保険労務士の業務範囲です。ですから、顧問でなくともあなたの近くの社会保険労務士に相談してみましょう。

そして、多くの場合、こんな回答が返ってきます。

■当該社員との面談の時間をとってください
■そこでは、勤務態度について指導を行ってください
■期間をおいて、改善されないようなら、もう一度指導を行ってください
■それでも改善されないようなら、期限を切ってもう一度指導を行ってください
■減給、勤務停止などは不利益変更に当たるので、すぐにはできません
■辛抱強く指導を続けてください

若干誇張も入っていますが、おおよそ普通の社会保険労務士なら、こんな感じで回答してくれます。これを見て、どう思いますか？

「まあ、そうなんだろうけど、何の解決にもなっていないよな……」と感じるのが普通です。そう、この回答はほぼ0点の回答と言ってもいい。

では、プロの社会保険労務士なら、どう回答するでしょうか？　問題社員の程度によりますが、「社長、解雇しましょう」と判断してくれるのがプロです。

もちろん、労基法上解雇はよほどの条件が揃わないと不可能ですし、労基署に通報される可能性もあります。しかしながら、退職してもらうためには解雇だけが手段ではなく、退職勧奨もありますし、配置転換などの考え方もあります。

要は、前者の回答は「ただ労基法を守った上での助言」にしか過ぎず、後者は会社が健全に経営を続けていくためのアドバイスだということです。

「解雇、退職勧奨は言い過ぎなのではないか？」という意見もあるかと思いますが、その問題社員がい続けることで、ほかの社員が辞めたらもう終わりです。そういった経営全体を見て、労務的な判断をしてくれる。これがプロです。

例えば、福岡県に事務所を構える弁護士の菰田泰隆氏。彼は弁護士だけではなく、社労士、税理士の資格も持ち、すべての士業を法人化しているモンスターみたいなプロ士業ですが、彼の顧問の内容は、弁護士的でありまた社労士的でもあるわけです。

顧問先から同種の相談があれば、経営全体を把握して、その社員をどうすべきか考える。その中で、退職勧奨が必要と判断すれば、その選択肢を顧問先の経営者に提案。これをその経営者が受諾すれば、あとは法的リスクを最小限に抑えた退職勧奨のシナリオを渡す。

多くの士業は、相談したら答えてくれる。そういうスタンスです。でもそれは、経営者が考えた上で相談しなければ、適切な回答が出ないということでもあります。

プロ士業に相談するということは、「士業があなたの会社の状況を踏まえた上で、自分の意思と責任を持って、判断と提案をしてくれる」ということになります。

聞いたら答えてくれる人と、聞かずとも積極的に考え、提案してくれる人。どちらが企業にとって必要なのか。

結論はもう、出ていますよね。

「代行業者」から、「プロ士業」へ依頼を変えよう

さて、普通の代行業者的士業とプロ士業について触れてきました。もう、理解してもらえていますよね？　そう、士業は十把一絡げではありません。上位2割のプロ士業と、そうでない代行業者的な8割の士業に分かれるのです。

プロ士業を上手く活用すれば、あなたの会社に何千万円もの事業資金をもたらしてくれます。そして、どんな問題が起きても、判断し、解決してくれるのです。

では、その選び方について、2章以降で解説していくことにしましょう。

第2章

プロ士業の活用で実現できること、本当のプロ士業の使い方

プロ士業は、「選ぶ」か「育てる」

士業は使い方次第。それは前章でおわかりいただけたかと思います。プロ士業を活用すれば、潤沢な資金調達も可能ですし、労務・法務問題に悩まされることもありません。

しかしながら、現実的には、企業側から見れば士業が活用されているかといえば、そうでもないわけです。

では、具体的にプロ士業を活用するためには、どうしたらよいのか？　それは、**「見極めて選ぶ」か「育てる」の2択**。どちらも選択肢としては正解です。前者は説明するまでもないでしょう。

本物をどう探し、どう選ぶかどう見極めるか。その方法は本書ですべて解説します。一方で後者の「育てる」というのはどういうことかというと、才能のある士業を見抜き、あなたが育てて社外の戦力にするという選択です。

個人的には、これだけ才能の無駄遣いをしている人種もいないというくらい、彼ら彼女らは素晴らしいポテンシャルを秘めています。

そもそも、基本的には難易度の高い国家試験を突破した人種。普通に考えて頭は良いのです（試験をスルーする方法もあるのですが、そのあたりは後述します）。しかし、本人たちすらその使い方をわかっておらず、自分で自分を育てきれていないのです。

両者のメリット・デメリットとしては、最初からプロ士業に依頼すると、それなりに高い報酬額がかかるという点。ただし、即効性があります。これに対して「育てる」選択肢を採れば、時間はかかりますが、ある程度報酬額を抑えて依頼することが可能になります。

そして、何より自分好みに仕上げられるというのが最大のメリットでしょう。報酬額そのものの考え方はやはり後述しますが、人との出会いは運もあるものです。

プロ士業に出会えたらそのまま依頼するのも八卦。才能のある若手士業に出会えたら、育てて戦力化するのも八卦。人の縁に「絶対」はありませんので、この２択を覚えておいてください。

士業とは、どんな存在なのか？

では、具体的に士業の選び方……に行く前に、士業という人種を知っておきましょう。

士業は「活用」次第です。効果的な活用のためには、彼ら彼女らの性格や適性を知っておいた方がより大きな効果を求めることができます。業界的にはあーだこーだ言われてしまう内容だと思いますが、事実なのでこの際ハッキリしちゃいましょう。

⑴ プライドの高さは超一級

前章でもお伝えしましたが、まずあなたも士業に対するイメージがあるはずです。そして、それはおおよそ想像どおり。基本的にはプライドが高い。これは間違いありません。中には本当に低姿勢の士業もいますが、心の奥底にはプライドを必ず持っています。ですから、士業に対して「上から目線」「命令口調」、こういったものは大嫌いです。

まあ、ビジネスマナー的にも普通に考えてNGですが、より過敏に反応する人種だと考えておくといいでしょう。付け加えて言うと、褒めると報酬以上に働くことがあります。ですから、基本的には「褒めて伸ばす」「プライドをくすぐる」こういった対応方法が吉です。

⑵ リスクを非常に恐れる

独立開業することに、そもそも資格は必須ではありません。世の中、資格など持たずに独立して事業を起こす人の方がむしろ多数。では、なぜ士業という人種は資格を取るかと言うと、リスクを恐れているからです。もっとも、「恐れている」というのは単に怯えているということだけではなく、リスクに敏感という意味も孕んでいます。

もともと、経営者にとって法律を知るということは、リスクを回避する意味も強いですから、そういう意味では適性がある人が、士業の資格を持っている。そう思ってもらってもいいでしょう。

一般的に、士業から提案がないのは、このため。要は余計な提案をして、それによって顧問先企業に損害が出たら自分のせいになってしまう。だったら、無難に日常業務だけこなしていた方が良い。こういう判断をする士業は本当に多いものです。

だから「相談したら」答えてくれるわけです。そもそも仕事をお願いすることを「依頼」というくらいですから、基本的には「待ち」の人種なんです。だから、あなたの方から積極的に口を出していく必要があります。

⑶ 成長意欲は非常に高い……けれども

何度もお伝えしているように、士業はそれぞれの難関試験に合格しています。おそらく、あなたは試験の内容なんて見たこともないと思いますが、あなたの想像よりも遥かに難しいです。それこそ、ほとんどの士業が人生を懸けて受験しています。

もうこれは全員ドMとしか思えません。しかも試験に合格し、開業したら今度は法律の改正や新法施行、通達の確認、各種官公庁からの発表を毎日確認する日々が待っています。やはり全員ドMとしか思えません。言い換えれば、それだけ勤勉であり、成長意欲がある人たち。そういう人種なのです。

とはいえ、全員がそうなのかといえば、これもまたそうではありません。一定の規模を達成した士業。例えば、職員（士業の世界では、事務社員のことをなぜか「職員」と呼ぶことが多い）数名。売上規模３０００万円。そのくらいの規模を達成し、所長（士業は「事務所」なので、トップを「所長」と呼びます。代表○○士ということも。あまり社長と呼ばない世界）に理念も目標も何もない場合は、勉強をやめて怠惰退廃している士業もいますので、そのあたりは要注意です。

⑷ 自己肯定感が低い

最初は自信がない。徐々に経験を積むことで、自信がつく。これはどの業界でも当たり前のことですが、士業は自信を持ってても、自己肯定感が低い人が多く見受けられます。

これは別に「僕、自己肯定感低いっす！」と表明しているわけではないですから、中には自信もあって自己肯定感も高い人がいます。しかしながら、上位1割2割くらいを占めるであろう本物のプロ士業以外は、「このあたり」で悩んでいることが多いのです。

「このあたり」とはどういうことか？　上位のプロ士業は、明確な理念と目標を持って邁進しています。それに対して、そこまでの境地にたどり着けない士業。つまり、これは前述の士業を「育てる」発想のときに役立つ考え方です。

「このあたり」とは、「仕事はそれなりにやっているが、今後の明確な目標が見つからず、とりあえず日常業務をこなしている」あたりです。つまり、プロ士業の一歩手前というところでしょうか。

士業の仕事はなかなか高度です。でも、その高度さは、経営者であるあなたには届きません。税理士に依頼すれば、決算申告書はできあがる。でも、あなたが法人で消費税課税事業者の場合の申告をやってみてください。まず、無理です。

だから、理解されない仕事をしているわけです。しかも、ミス０がデファクト・スタンダード。１円のズレも許されないわけですから、本来相当なプレッシャーなわけです。なかなかこういった点を理解されないから、自分の仕事が貢献できているのだろうかと悩むわけです。

それから、同業他社が基本的に同じ仕事をしているというのも、自己肯定感が低い原因です。自分の事務所が仮に潰れても、ほかの事務所に依頼すれば、企業になんら問題は起きない。まあ、このあたりは実力の研鑽不足ということもあるのですが、自分の仕事が世の中にとって必要なのか？　と聞かれると、強く言い返せない。そういう状況なのです。

と、いうことはこれらをまとめると、士業に依頼する場合は、**「あなたじゃなきゃできない」「大変な仕事をされていて頭が下がる」**などの、**肯定感のある言葉で接することがポイント**になります。これは士業には本当に秘密にしておいてください。核心を突き過ぎていますので。

なんだかコーチングの授業みたいになってしまいましたが、要はプライドをくすぐるということ。「あなたならできますよね？」と成長意欲を促すこと。そして、士業個人の存在を肯定し、感謝し労うこと。普通のことですが、特に肯定と感謝、労いには飢えています。

⑸ 本当は、感謝されたい

具体的な士業の活用の前に、まずはこういった士業の性格特性を知っておきましょう。もちろん、全員がそうだとは言えませんが、プロ士業でも普通の士業でも、基本的な性格構造はこんな感じです。

ただし、士業もバカではないので、表面上の言葉にも敏感です。テクニック的なアプローチは嫌われますので気をつけましょう。前述のように、基本的には勤勉な人種です。最近ではコーチングやコミュニケーション技法などを積極的に学ぶ士業も多いので、心からの気持ちで伝えるようにしましょう。

それから、資格の種類ごとの性格も、ある程度傾向があります。それは各章で解説しますが、全般的な傾向として最後にひとつだけ。真面目で勤勉な人種とはお伝えしましたが、前述のとおり、人生懸けてすべての時間を勉強に割き、合格率数％をクリアするドＭな人種です。そういう意味では、変人も多いと申し伝えておきます。

もちろん、良い意味の変人もいますし、悪い意味の変人もいるということ。悪い意味だとデリカシーがないとか、ファッションセンスが皆無だとか。良い意味だと、弁護士ドットコムを創り上げ、マザーズ上場まで果たしてしまった元榮太一郎弁護士とか、良い意味で士業の中では異端です。

私も、いまじゃ士業専門のコンサルタントですけど、もともとは行政書士。しかも私、大学3年で一発合格してます。加えて23歳で独立開業しましたから、変人間違いなしです。まあ、ドMかどうかと言われれば、私もドMなのかもしれませんけど。

そもそも、資格取得の方法は、試験合格だけではないが……

では、ここからはより具体的な見極め方法について解説していきましょう。その前提として、資格の取得方法について触れておきます。

ほとんどの士業が、試験合格組です。普通に国家試験を受けて、合格して資格取得。諸々の開業要件を満たして開業。これがスタンダードな士業のなり方になります。

一方で、試験合格組ではない人たちもいるのです。そして、本書と類書になる本（選び方とか資格の本とか）では、たいがい「試験合格組でない人は注意」と書いてあります。ご丁寧に、税理士は大学院に行くと試験科目が免除されるとか、行政書士は公務員として

20年勤めればもらえるとか、ドヤァとその合格過程を非難していることが多いのです。

しかし、資格の取得過程は、正直どうでもいいのです。要は、「実力があるか否か」それだけのことなので、どのように資格を取ったかなんて、どうでもいいのです。

先の行政書士の事例よろしく、税務署を勤め上げた人も税理士となる資格を得ます。当然、税務の実務知識なんてありません。でも、その人が経験を生かして節税や税務調査で圧倒的な実力を身につければ、資格取得の経路なんてどうでもよくないですか？

あくまで、資格を取るというのはきっかけなので、資格取得の方法は、正直どうでもいいのです。重要なのは、きちんと実力を見極めること。これだけです。

「士業」と「プロ士業」の違いはどこにあるのか？

選び方、見極め方の大前提。まずは「士業」と「プロ士業」の定義です。もちろん、この定義は私が勝手につくった定義なので、経営指南書にも載ってないですし、ネットでも検索できません。ひとつ、断定できるのは同じ士業でも実力差はとんでもなく開きがある、ということです。あとは仕事にかける情熱も。

とはいえ、資格があることで最低限担保されるものもあります。それは、本当に本当に最低限の「知識」です。そういう意味では、受験組は最低限の知識は持っています。

本当に最低限。あなたもこう考えているでしょう。「資格を持っているんだから、最低限の仕事はしてくれるだろう」と。それは正解なのですが、あなたが考えているより本当に「最低限」です。

知識はともかく、仕事振りは本当に異なります。報酬を受け取って仕事もせずに着服する行政書士や、決算申告をド忘れする税理士、突然失踪してしまう士業……本当にいるんです。実際に懲戒処分を受け、資格を失う士業も年間ではまあまあの数があります。

そういう意味で、本当に「最低限」はやはり文字通り「最低限」なのです。ですから、受けた依頼を納期までにこなせない「最低士業」が普通の士業の下にいます。気をつけてくださいね。

では、士業とプロ士業の違いは何かというと、下記のとおりになります。

⑴ 士業

単なる手続き代行事務所。いわゆる法律で決められた「法定業務」しかしない（できない）。もちろん提案はしない。言われたことだけをやる。相談すれば、乗ってくれる。相談しなければ、何もしない。自分の意見は言わない。悪く書いているようにみえると思いますが、そもそもそういう業界だということでもあります。

(2) プロ士業

確固たる専門領域がある。積極的な提案ができる。「高難度業務」ができる。法定業務を超えたコンサルティング業務ができる。案件に対して、自分の判断を伝えてくれる。そして、逃げない。こういう「プロ」、本当にいるんです。ちなみに、「高難度業務」とは次の業務を指します（これも私が独自に定義しました。詳しくは拙書『士業を極める技術』参照）。

高難度業務の定義

① イレギュラー業務
② ひな形では足りず、文章創作が必要な業務
③ 前例のない業務
④ 刑事事件が関係する業務
⑤ 法律だけでは解決しない業務
⑥ 大企業、上場企業、上場支援に関する業務
⑦ 海外進出、海外法務に関する業務

念のため、簡単に解説しておきます。

①は定型でない業務ですね。手続きにせよ何にせよ、普通にやったらできないイレギュラー案件ができるかどうか。

②は法律的文章創作ができること。士業がつくる書類のほとんどが、いわゆる「ひな形」からつくられます。しかし、世の中の契約書や規則などのすべてがひな形化されているかというとそうでもなく、法律的に有効な文章を創作できるか、というのもひとつの高難度業務になります。

③は前例のない業務。自分で考えて仕事ができるってことですね。裁判例などでも、過去に争った形跡のない案件なんて、いくらでもあるわけです。そういう仕事に対応できるか、ということになります。

④は刑事事件関連。最近は、例えば労務問題などでも従業員の横領や暴力事件がありす。この場合、刑事事件に詳しくない社労士に相談すると、初動を間違えますから注意が必要です。例えば、就業規則で解雇要件を定めた条項ってありますよね？

ほとんどの場合、「有罪が確定したとき」という記載なんです、ひな形が。従業員が、犯罪を犯して有罪になったときに解雇できる……ということなんですが、それってよく考えると遅過ぎるんです。

逮捕されますよね。例外もありますが、最初は留置所です。48時間以内に送検。さらに送検後、24時間以内に勾留されます。勾留は最大20日間。起訴するかどうかを23日以内に検察官が決め、不起訴になればいいですが、裁判になれば当然時間がかかります。「有罪が確定したとき」での解雇では遅いんです。

だから、「逮捕時」にしないと。まあ、社労士全員に刑事事件の知識を求めるというのは酷ではありますが、こういった刑事事件について一定の精通があるというのも、ひとつの魅力といえます。

⑤は、そのまま。労務問題なんかに多いですね。法律的には解雇できない。でも、この問題社員にいてもらっては困る。そんなときに知恵を出せるか。これも重要なスキルです。そして、多くの士業はこれができない。

⑥の「大企業」は、法定の手続き業務なのですが、取り扱い業務量が多いという点で、個人事務所には不可能になります。上場実務は経験者でないとできないという点で高難度業務。

⑦も強い専門性や語学が問われることになるので、高難度業務ということになります。

あなたがこれを全部覚える必要はありませんが、これも士業とプロ士業を見分けるひとつの目安です。この高難度業務一覧を見せて、「先生、これらの高難度業務の仕事、依頼しても大丈夫ですか?」と聞けばいい。ただ、全部できる事務所なんてないです。

①②③⑤に対して、自信を持ってイエスと返ってくるなら、その士業は見込みあり。そう考えて問題ありません。

まとめると、士業は「代行屋さん」。プロ士業は「高度な案件を考えて判断できる人」と覚えるとわかりやすいでしょう。それだけ、同じ士業でも違うんだということを理解していただければ十分です。

大型法人士業、個人事務所、結局のところどちらがベストなのか？

では、本題に入りましょう。それぞれの士業に、どんな仕事を依頼することができるのか？　それは各章で解説することにして、本章ではすべての士業共通の選び方、見極め方について解説していきます。

まず、最低限の身分調査。要はその士業が国家資格を本当に持っているかどうか。これは、各士業のウェブサイトで検索することが可能です。実在すれば、当然ヒットします。これいなかったら、ニセモノです。これは最低限の調査ですね。

それから、わかりやすさから見れば、依頼する士業が「法人」か「個人」かは、わかりやすいひとつの指標でしょう。ちなみに、法人でも「ひとり法人」の場合があるので、その場合は「個人事務所」に含めて考えています。それぞれ、こんな傾向があります。

⑴ 個人事務所（ひとり～数名の職員を抱えた事務所。ひとり法人も含む）

代表士業個人に、強く依存します。その代表士業の力量がすべて。職員が数人いる場合でも同じ。ほとんどの場合、ダイレクトに士業に相談できる点がメリット。

個人差はありますが、土日祝日関係なく相談したい場合は、個人事務所との契約が有効です。法人は平日日中対応が多いので。ただし、代表士業への依存度が高いので、その士業が事故や病気になれば業務はストップしてしまうのが最大のネック。士業の多くはこの「個人事務所」に属します。

⑵ 法人（または10名以上の事務所）

大量受注が可能なのが特徴。多くの場合、代表士業が有能だとしても、末端の所属士業や職員が実務も熱意もトップに追いついていないことが多いといえます（あくまで傾向です）。

個人事務所が、代表士業への依存度が高いことに比べ、法人の場合は複数の士業がいることから、ひとりが事故病気に遭っても、代わりの担当者がつきますので、その点は安心です。ただし、法人＝組織化なので、土日祝日の対応までしてくれる事務所は少数派。そんなところが特徴と傾向です。

では、どちらが良いかといえば、現段階では「プロ士業の探し易さ」からは、やや個人事務所に軍配が上がります。なぜかというと、プロ士業は属人的な仕事なのです。つまり、個人の力量を見極めて依頼、契約するわけですから、大規模事務所だと担当士業ガチャを回すことになります。

もちろん、中にはいます、有能な所属士業も。ただ、これればかりはガチャ次第なので、なんとも言えません。別の言い方をすれば、個人事務所の方が、見極めがしやすいともいえるでしょう。

「でも、もしその先生が事故や病気に遭ったら？」

その心配は、ストレートに士業に聞いてみてください。事故や病気は、正直防げるものではありません。そんな質問をするあなたも、事故や病気に遭わない可能性はゼロじゃないですよね？

なので、そういった自身不在時の準備はできているか？　それだけ確認して、もし良いプロ士業に出会えたら、健康管理をどのようにしているかだけ、確認しておきましょう。

プロ士業は、当然プロ士業とつながっていますので、万が一の場合もきちんと後任を探してくれます。まあ、そういったリスク・マネジメント的なことも含めて、やはりプロ士業なんです。

別の言い方をすれば、それだけ「ただ士業がいる」のと「プロ士業を懐刀にする」のは違うということです。契約した士業が、本当に替えの利かない人材であり、卓越した知識と業務レベルを持っていて、さらに顧客との信頼関係もバッチリ……という状況で、たかだか事故や病気で数か月直接の仕事ができない状態というだけでは契約解除しませんよね？

回復を待つはずです。それだけ、プロ士業は替えの利かない人材ということになります。

士業を単純な「価格」で選ぶことで生まれる大きな「損」

次の選択基準にいきましょう。士業を選ぶひとつの基準に「報酬額」というものがあります。士業はもともと報酬が法律によって決められていました。実は平成になってからも法律で定められていた士業があったほどで、この自由競争経済の中で驚くばかりです。

いまは完全に自由になっていますので、どの士業であれ事務所によって相当バラツキがあります。税理士の顧問料も月額1万円を切るような事務所もあれば、月額数十万円なんて事務所も。では、そんな極端にバラツキのある報酬額をどう考えるのがベストなのでしょうか？

まず、士業に依頼する仕事の内容から考えます。あなたが依頼したいのが、単なるアウトソーシングなのか、それとも「考えてもらう」仕事なのかを分けて考えましょう。

アウトソーシングなら、当然作業代行なので価格を追求しても構いません。代行作業なら、事務所によって大きな差はないと考えて大丈夫です。

なので、あなたの予算に応じて安い事務所を探してみるのもひとつの選択肢です。ただし、報酬額の目安としては、「相場」くらいの報酬額を設定している事務所を選ぶべきです。これは私が士業側の人間だから、士業の気持ちを代弁しているのではなくて、事故防止の観点からのアドバイス。

中には信じられないくらい安い報酬額を設定している事務所もありますが、事故のもと。説明するまでもなく、安く請けるということは数をこなしている証拠であり、キャパを超えた業務を請けている可能性もあるので、あまりお勧めできません。

要は、安かろう悪かろうです。安い金額で受注すれば、当然その士業のモチベーションも低いので、やはり事故のもとです。相場かどうしても予算が厳しければ、その少し下。あまりにも低い報酬額での依頼は勧めません。

これに対して、コンサルティング業務やそのほか高度なことをお願いしたいのであれば、報酬は絶対にケチるべきではありません。高い報酬が、士業のポテンシャルを引き出します。結論からいえば、**高い報酬を提示して、何ができるかを提案させるのが最大の活用方**

法です。

例えば、コンサルティングを月額で契約する場合に、5万円の契約料を士業から提示されたら、逆に10万円を逆提案してみましょう。10万円なら、何ができますか？　と。それであなたが求める内容が返ってこなければそれまで。それは「考える」士業ではなく、つまりプロ士業ではありません。

あなたも経営者であれば、これはわかるでしょう。「コストは徹底的に抑える」「会社を伸ばす投資は積極的に行う」。**代行業務はコスト。コンサルティングは投資**です。ですから、士業に提案させる。単に提案させるだけでもいいのですが、金額が上がればそれだけ士業も真剣になります。

コンサルティングの力量も読めます。そうすることによって、あなたが求める結果も、自ずと近づくでしょう。士業を育てる場合も、これは効果的。

育て方については、後述します。また、それぞれの士業にどのような提案をさせるかは、各章で追っていくことにします。

ちなみに、提案「させる」と言っていますが、上から目線でやったら駄目ですからね。あくまでもプライドをくすぐる方向で。**「先生、もし10万円で契約させていただける場合、どのようなことをやっていただけますか？」**こんなニュアンスがいいでしょう。そうそう、「先生」という呼称についても、説明しておきますね。

「先生」という曲者呼称

士業の世界は、「先生」と呼ぶ世界であり、呼び合う世界でもあります。なかなかこれは不思議なもので、「尊敬されるから」先生と呼ばれるわけでもないのには注意が必要です。

まず、業界的には業歴のあるベテランでも開業したばかりでも基本的には「先生」と呼び合います。

私が開業した当時の年齢は23歳。社会人経験もゼロの頭に殻をかぶったヒヨコです。それでも、「先生」と呼ばれました。まあ、正直それは気持ち悪いと思いましたけど。だから、まずは「先生」と呼ばれているから、実力・経験ともに優れているわけではないということは押さえておきましょう。

ただし、最近は「先生」と呼び合わない層もいます。これは、比較的若手と呼ばれる人たちに多い傾向です。逆の視点でみれば、「先生」と呼ばれないからといって、実力がない。そういうわけでもないことも、やはり押さえておくべきでしょう。

そういう意味では、「さん」付けで呼ばれているか、「先生」で呼ばれているかで士業の実力を見抜くことは不可能ということになります。

それより重要なポイントは、あなたが士業に接したときにその方をどう呼ぶのがベストかということ。最初は「先生」と呼ぶのが無難です。やはりプライド種族ですから、先生と呼ばれて悪い気がする士業はほとんどいません。

ですから、効果的に士業を活用したい場合には、まずは「先生」呼称から入るべきです。そして、打ち解けてきて実力を理解したら、「もう、先生と呼ばないでください」とでも言われれば、「さん」付けに変える。こんな流れがベストでしょう。ちなみに、執拗に「先生と呼ばないでください」という層も一定数存在します。

こういう人たちは、絶対に呼ばせてくれません（苦笑）。ただ、その理由が「自信のなさ」から来ているものであるとすれば、その士業には依頼すべきではないでしょう。結局のところ、呼称だけで見抜くことはかなり難しいのですが、このような背景だけは、知っておいてください。

さらに曲者のバッジという存在

士業にはそれぞれバッジがあります。有名なのは弁護士の「天秤」が刻印されたバッジですね。結構大きいので目立ちます。スーツを着てバッジを付ける。これが士業のスタンダード衣装です。

基本的にはバッジを付けることが、業界的には推奨されているのですが、中には付けない人もいます。私も最初の頃数回付けただけで、いまは机の中。まあ、スーツ着て仕事をしないっていうのもありますけど、このように付ける人たちと付けない人たちがいるのです。

いずれにせよ、バッジを付けているかどうか、というのは士業の見極めの参考にはあまりなりません。プロ士業にとっては、ある種どうでもいいものなのです。

プロ士業は、バッジが士業を証明してくれるとは思っておらず、自分の実力がそれを証明してくれると考えています。ですから、バッジを付けているかどうか、というのは参考になりません。

ただし、要注意がこちらからバッジの話を振っていないのにもかかわらず、バッジの話をする士業。これは、実力がない、自信がないところから証明書代わりのバッジを見せつけたい。あるいは、士業は上級国民的、選民思想的に考えている人がする話題です。

ですから、「このバッジ見たことあります?」みたいな話題を振ってくる士業は断るのがベスト。正直、あんなバッジ資格さえ取ったら数千円で買えるものなので、その程度の価値なのです。

ちなみに、ひとつの目安としてバッジを付けている士業にできる質問があります。それはこんな質問です。

「先生、最近はバッジを付けていない士業も多いと思いますが、先生はなぜバッジを付けているのですか？」

これに対して「一応……」とか「決まりなので……」というのは、考えていない士業。プロ士業でない可能性があります。

そうではなく、「プロですから」というような趣旨が返ってきたら、プロ士業である可能性が高いと考えてもいいでしょう。「プロですから」っていうのは、自信がないとなかなか言えないことですからね。

プロ士業かどうかを見極める「判断業」

続けていきましょう。プロ士業かどうかを見抜く質問です。それは、「最終的に案件について、先生のご意見をいただけますか？」というものです。「えっ、自分の意見を言わない士業なんているの？」と思われるかもしれませんが、いるのです。それは前掲した「リスク感覚」にひも付きます。

例えば、あなたが難解な問題を抱えていたとしましょう。そうですね、労務問題などがわかりやすいと思いますので、労務問題の例を挙げます。よくある「問題社員」の存在で、解雇できるほどの損害がなく、かといって戦力になっていない。それでいてほかの社員に悪影響を与えている。まあ、結構多い事例ですね。

そのときの対応としては、⑴教育・指導して改善の方向を目指す、⑵退職勧奨を継続的に行う、⑶リスクを踏まえた上で解雇する、というのが士業から出てくる回答です。そして、士業はこうした⑴⑵⑶を並べてこう言います。「社長、どれを選ばれますか？」と。

つまり、選択した責任を負いたくないがゆえに、自分の意見を言わない。あくまでそれぞれにおけるメリット・デメリットの説明に終始するのみ。これがスタンダードな士業の回答で、そこに士業の判断は含まれないのです。リスクに敏感ですからね。

プロ士業はここが違います。自分の判断を伝えることができる。これがプロ士業です。例えば、いまの例ならこんな感じで回答してくれるのが、プロ士業です。

「社長、選択肢としては⑴、⑵、⑶とあります。しかし、他の社員に与える影響を考えると、のんびり改善などしていると大量離職の可能性があります。ここは、早急に退職勧奨。場合によっては、解決金のようなものを積んでもいいでしょう。とにかく早く問題社員に辞めてもらうべきです」

もちろんその結果、労基署に駆け込まれたりなどのリスクは当然あります。しかしながら、あなたの会社のことを考えて、自身のリスクを顧みずに自分の判断を言えるのがプロ士業。最悪の状態も当然想定した上での判断をします。ですから、自分の判断をきちんと言ってくれるか。これがプロ士業と普通の士業との違いと言えるでしょう。

別の言い方をすれば、高い顧問料を支払うのですから、そのくらいのリスクは負わせた方がいいです。その方がお互いの関係もピリッと引き締まったものになります。この「判断業」ができるかどうかは、プロ士業の大きな特長であり、魅力です。

白、黒、グレーの中で、判断を任せられるのが「プロ士業」

「判断」ということで、併せてグレーゾーンについても解説しておきましょう。書籍というパブリックなものへの記載になりますので、ちょっと表現は曖昧にさせていただきますが、要は白、黒、グレーの判断の中で、グレーゾーンについてきちんと自分の考えを伝えることができる士業がプロ士業です。

別の視点で見れば、真っ白しか認めない士業は、ほぼ行政と同じなので、高い顧問料を支払って相談する意味がありません。だって行政に聞けばタダですからね。

グレーゾーンそのものの説明は不要でしょう。例えば、あるものの経費算入について、白ではないけれど、黒でもないようなときがわかりやすい。社長のスーツとかですね。

日常的な衣服に関しては、経費算入が認められないとされていますが、例えば社長個人の講演会が多く、それが大きな収益になっている場合は、衣服ではなく衣装として経費算入が認められるケースがあります。ね、微妙でしょう。

これに絶対はなく、あくまでケースごとの判断になりますが、こういった点でも、「自分の判断」を言える人がプロ士業です。それもあなたの好みに応じて。

例えば、「おそらく経費参入することはできますが、税務調査が入った場合、否認される可能性があります。それでも私は必要経費だと戦いますが、負けてしまうケースもあります。ただし、経費としては微々たるものなので、今回は入れてしまっても全体で見れば問題ないと考えます。もちろん、入れなければ何も言われることはありませんが……」のようなかたちで、きちんと意見を言ってくれる人が、プロです。

特にこの税金の問題で多く起こります。節税と脱税、言葉は似ていますが、その境目は微妙なところで税理士も関与税理士となった以上、悪質な場合は幇助したとみなされるリスクを持っています。

ですから、真っ白な方が税理士としては楽なわけです。そこを踏まえて、きちんと判断してくれる人。それがプロ士業といえるでしょう。

ちなみに、あなたが真っ白な会計をしたいというのであれば、そういう税理士を探せばいいし、そういうオーダーをすればいいのですが、このあたりの税理士の選び方は、３章で触れることにしますね。

ところで、グレーゾーンとは別の概念で、士業固有の法律問題があります。それは、「業際問題」と呼ばれるものです。ここからここは税理士の領域、ここからここまでは司法書士の領域。そういう棲み分けがあり、これを超えてしまうと違法になってしまう場合があります。

代表的なのは「代理交渉」です。あなたの代理として法律的な交渉ができるのは弁護士だけ。社労士がユニオン（労働組合）と代理交渉するのは違法ですし、離婚問題で行政書士がいずれかの依頼人の代理人として交渉することはできません。

ただ、どこからどこまでが業際なのか、あなた自身が判断することは難しいでしょう。ですから、士業との依頼時に「業際に関しては問題ないか」という確認をしておくことをお勧めします。

取り扱いの業務範囲は、気にしない

もうひとつ。どの士業にどんな業務を頼めるか。これも案外知られていないものです。裁判なら弁護士、税金なら税理士……くらいは知られていたとしても、細かいそれぞれの専門分野はなんとなくしか知らないという人がほとんどでしょう。

詳細は各章で一応解説を入れますが、これらについてあなたが学ぶ必要はありません。結論から言えば、どんな士業にどんな内容の相談をしても構わないのです。

もちろん、それぞれの業法と呼ばれる法律があります。税務相談は税理士。登記なら司法書士とそれぞれの分野があり、原則として業法に定められた範囲でしか相談ができないことになっています。

ですから、会社をつくって事業を興したいと税理士に相談にいっても、「会社設立登記は司法書士ですから、司法書士に相談してください」と言われることもしばしば。ただ、ここでも士業とプロ士業の差が出ます。

プロなら、「ハブ」機能を持っていなければなりません。どのようなジャンルの相談が来ても、自分ができることは自分で対応。そのほか、自分の資格で対応できない業務については、自身の士業ネットワークですべて紹介等で対応する。

そういう態勢を取るのが最低限のプロ士業です。ですから、あなたは誰に何をと考えることなく、まずは士業と名のつく事務所に相談をすればいい。このとき、「資格が違うので対応不可能です」とだけ返ってくれば、それは単なる士業（というか、士業以下）。

きちんと整理整頓して態勢をつくってくれるのであれば、最低限のプロ士業の役割を果たしてくれているといえます。突き返された士業には、相談も依頼もしなければいいわけで、最初から除外することができる。そういう見方もできます。

すなわち、**プロ士業とはある種のゼネラリストでなければならない**。そう捉えてもらうのが正解です。例えば、会社を作りたいと司法書士の事務所に相談に行く。間違いなく、登記はできるでしょう。ところが、ただ登記だけを専門にしている司法書士だと、このあと税金のアドバイスがありません。

法人を設立した場合で、青色申告で決算申告しようと考えていたら（というか、普通は青色申告でやります。控除があるので）、原則として会社設立の日から3か月以内に青色申告承認申請の手続きを取る必要があります。

間に合わなければ、当然白色申告となり、控除は受けられません。登記だけでなく、税務にもある程度精通している司法書士ならば、必ずこの点に触れます。つまり、それぞれの資格の専門家というだけでは、プロとは呼べないのです。

もちろん、依頼はこなしているわけなので、この場合の司法書士に責任があるとも強く言い切れず、ミスなのかどうかも判断が難しいところですが、依頼者が被る損害は大きく、実質的にはゼネラリストでない士業の行為は重罪だといえるでしょう。

実際、この手のミスは多いものです（もう、ミスと言います）。ほかにも会社設立時は、新しいサービスを手掛けるなら商標や特許についても確認する必要がありますし、プロとして気づかなければならない点は潜在的に多くあります（ちなみに、前述のただ安いだけの事務所では、こうした点までは絶対にフォローがありません。なので、安かろう悪かろうです）。

ですから、ゼネラリストであることもプロ士業の要件といえますし、別の言い方をすれば、「気が利かない」といけないわけです。

「それぞれ、法定の相談範囲があるのであれば、別の分野のアドバイスは違法なのでは？」という意見もありますが、そのあたりは別の士業を紹介するなりやり方はいくらでもあります。この本の中では、あんまり深いことまで書けないのですが、違法なことをする士業は論外として、気が利かない士業に仕事を頼むべきではない。ここまでいえば、わかりますよね？

そもそも、これだけ国家資格が専門分野ごとに分かれているのは日本くらいのもの。諸外国のほとんどは、弁護士と会計士くらい。これは日本特有の問題なのかもしれませんね。

あなたの会社に「お金」で貢献できる士業を選べ

士業がかかわる「お金」の業務の中に、助成金、補助金、資金調達（融資業務）の３つがあります。結論からいえば、この中のうち１つも扱っていない士業。あるいは、他のプロ士業とガチガチに提携していない士業は、あなたにお金をもたらしてくれることはありません。つまり、まずは大前提として、この３つの金脈をもった士業をつかむべきです。

助成金は、社労士の固有業務です。ですから、まずは助成金をかき集めてくれる社労士。この社労士を探しましょう。そして、次に探したいのが融資業務のできるプロ。次に補助金。この順番です。

後述しますが、融資業務と補助金業務に資格は関係ありませんから、実績中心にそうしたアドバイザーを探すのが良いでしょう。とにかく「金のなる木」の源泉はこの3業務です。士業に依頼するならば、確実に押さえておきたい業務だといえます。

ところで、本当に意識の高いプロ士業ならば、自身が何かしらこの「お金」で直接的に貢献ができる業務をラインナップとして揃えています。もしくは、必ず強力な提携先があります。別の言い方をすれば、**プロ士業ならば必ずクライアントの事業資金を気にしているということです。**

冒頭にあったコロナ禍から逃げた社労士、税理士などは最低です。普段から顧問料をもらっているにもかかわらず、有事に逃げたわけですから。**経営のどのような危機も、まずは現金さえあればなんとかなる。**そういう意味では、プロ士業にとってお金に関する業務はマスト業務だといえます。いざという時に役に立たなくて、何が士業じゃ！　って話です。

あ、そういえば、昔は士業のこと「サムライギョウ」って呼ぶこともありましたが、最近はめっきり聞かなくなりました。もしかして、「侍」と呼べるような人材が少なくなったということが原因なら、それはとても残念なことだと。でも、実際のプロ士業はキレキレの「侍」なので、やはり見分けることが大事ということになります。

具体的に「プロ士業」をどう探すか？

おおよそ、判断基準的な目安は伝えられたと思います。３章以降では、士業個別の解説をしていますので、より明確な基準がわかるはずです。これまでは、全士業共通の選択基準について解説してきましたが、ここからは具体的なプロ士業の探し方についてお伝えします。

まず、最近では士業も「紹介会社」があります。あなたも税理士や社労士の紹介会社を検索で見つけたことがあるのではないでしょうか。

えーと、これからお伝えすることは、私が言ったことではなく、業界全体の認識だとお考えください。結論からいうと、まず紹介会社にはプロ士業はほとんど存在していないのです。

理由は簡単で、まずは紹介サービスなので、税理士等の所属士業は、案件の紹介があった場合に紹介会社に紹介料を支払います。

これがピンきりなのですが、例えば、１件あたり数十万円の紹介料だったり、あるいは年間顧問料の50%。中には3年も4年も紹介料が発生し続けるケースもあり、要は所属士業のモチベーションは決して高いとは言えず、あまりお勧めできる検索方法ではありません（あくまで業界全体の認識ですよ）。

加えて、紹介会社を通じて選ぶとなると、相見積もりになります。そうすれば、提示顧問料なども低く設定せざるを得ない状況で、結果としてやはりモチベーションは下がります。

別の捉え方をすれば、依頼するのは代行業務だけで、徹底的にコストを抑えたいという場合には、紹介会社を通じて探すのはアリですが、前述のとおり低コストは事故のもとなので、やはりあまりお勧めできません（業界全体の認識です）。

ちなみに、弁護士と司法書士は紹介料そのものが法律で禁じられています。中には「コンサルティング料」などというよくわからない名目でもらおうとする輩もいると風の噂で聞きますが、弁護士、司法書士は紹介料、ダメ、絶対です。

もちろん、違法行為をする士業なんてプロではないですから、そういう話を持ってくる士業には依頼すべきではない。だって、法律を超えてまで自分の利益が欲しい人たちでしょ？　そんな人たちが、あなたが大変なときに、自分のリスクを超えてまで助けてくれるとは思えないですからね。

基本的には紹介。ついでウェブ検索

そうなると、具体的な検索方法としては、誰かからの紹介か、ネット検索ということになります。優先順位としては、紹介が有効な方法でしょう。

ネット検索のコツみたいなものは後述しますが、まずは紹介で「誰か」の責任のもと、紹介してもらうのが最優先検索方法です。

そして、そのとき「どんな強み」で紹介されるかでも、プロ士業の見極めが可能になります。「行政書士のだれそれ」では普通。「資金調達に異常に強い行政書士のだれそれ」これはプロ士業です。資格ともうひとつ強みをセットで紹介されると、プロ士業である可能性が高いといえます。

ただし、紹介で士業を探すことには反対意見もあります。そもそも紹介は、そんな法律はないのですが、仁義的に「紹介責任」というものが存在します。

ですから、下手な人を紹介されないというメリットもあるのですが、反対に「紹介してもらった以上、依頼しなければならない」という仁義的な流れがうっすら存在します（そんな決まりないんですけどね）。

特に、税理士との顧問契約などは一度契約してしまうと、人間関係が構築され、契約解除しにくくなるのが人の常ですが、そのあたりは最初の契約段階で回避できますので、先に依頼の始め方を説明しておきましょう。

プロ士業の見極めは、小出しの依頼と短期契約

正直、士業の世界にはこれほどよくわからない人種もないくらい、いろんな人がいます。これまで、節々に見極め方を解説してきましたが、本当によくわからないんです。

例えば、見た目に清潔感があって、誠実な対応をしてくれても、実力不足の士業もいるし、逆にめちゃめちゃダサい格好で不潔感満載でも実力ある士業もいたりして、本当にわからないんです。

トークだけが上手い人もいれば、おおよそ士業とは思えないような風体の人もいたり、結局のところ、「仕事を頼んでみないと、実力はわからない」。これが結論なんです、ごめんなさい。

それでも、いきなり長期契約とか高額報酬の業務を依頼するのは、やはりあなたにとっては大きなリスク。そこで、実力の見極め方としては、まずはあなたの好みの士業であるか。

長い付き合いをする場合には、経営理念があるのかどうなのか、商業主義なのか理想主

義なのか、性格はどんな性格が好みなのか、まずは人としてあなたが好感を持てることが大前提。その上で、頼んでみようかなと判断できたら、**まずは依頼ではなく「相談」もしくは「小さな依頼」から始めることを推奨**します。

あなたの相談に、期待を遥かに超えるような回答がくれば合格。この場合の相談は、正直有料でも無料でも関係ありません。有料相談にしている士業の方が、やや実力に自信ありとみて問題ありませんが、困ったことに無料相談だから実力がないというわけでもないのです。

回答については、あなたの相談にただ回答だけが来るようであれば、普通の士業。回答に加えて、その他の提案や士業個人としての判断や将来の構想案などまで来るようなら、プロ士業である可能性は十分あります。ですから、まずは小さな相談業務から依頼してみましょう。

そして、税理士や社労士の顧問契約なども、最初にハッキリ言っておくべきです。私はこういうサービスを求めている。もしそれが見合わなければ、短期間でも契約を終了させていただきたいと考えているのですが、良いでしょうか？　と。

まれに「1年契約の契約書ですから、1年間は報酬をいただきます」みたいなことを言う士業がいますが、それは実力のなさの表れです。「承知しました。継続したくなるようなサービスを提供しますので、お試しください」とまで言ってくれるかどうかはわかりませんが、プロ士業であれば「続けさせる」自信があります。ですから、最初の段階できちんと意思表示をすることがポイントになります。

小さく仕事を頼んだら、レスポンススピード、回答の内容、提案の質など、あなたが満足できるかどうか、シビアに判断してください。それであなたが合格点を出せるなら続行。そうでなければ、解約。こうしたシンプルな考え方で十分です。

ちなみに、契約書をつくらない士業もいますが、論外です。自分のリスクにさえ鈍感な士業があなたのために細やかな提案、リスク管理ができるとは到底思えません。契約書はしっかり出してもらって、弁護士にチェックしてもらうくらいが良いでしょう。

ヒアリングしない、ITリテラシーの低い士業は論外

士業はお察しのとおり古い業界です。そのため、ITリテラシーも全体的にはお世辞にも高いとはいえません。いまだに電話とＦＡＸを使う世界ですから、昭和の時代に取り残されたような事務所もあります。

最低限でもChatwork、LINE、Slack、Skype、Zoomなどが問題なく使えるかどうか、事前に確認してください。

加えて、ヒアリングをする姿勢のない士業も論外。提案は、相手のニーズやウォンツを引き出してから考えて行うもの。自分の話を聞いてもらえなかったと感じたら、その士業の伸びしろも提案内容も、あまり期待できないと考えて良いでしょう。

ダブルライセンスと損害賠償保険

そのほか、よく聞かれる2点についてまとめておきます。

まずは、ダブルライセンス、トリプルライセンス。これはスピード感の問題です。同じ事務所内に複数の士業がいれば、そりゃ早く仕事が終わります。

いわゆるワンストップサービスというやつです。でも、複数資格があるだけでは、大した意味がありません。

複数資格の上で、全員がプロ士業ならば、それは高度かつスピーディに仕事を依頼することが可能です。ただし、ワンストップサービスでなくても、プロ士業同士が提携し合うということもあるので、結局のところあなたの目的に応じて、ということになるでしょう。

もちろん、同じ事務所にいる強みというのはありますが、これだけＩＴツールが当たり前となったいま、事務所に人材が集まっていないとできない業務というものもなく、結局のところ士業の実力がポイントになるのは言うまでもありません。

次に損害賠償保険。それぞれの士業に損害賠償保険があり、ほとんどの事務所が加入しています。何かお客に損害を与えてしまい、損害賠償請求をされたときに使えるという保険です。これは、「入っているか」がポイントではありません。「使ったことがあるか」がポイントです。

使ったことがあれば、重大なミスを犯した士業ということになります。これも質問して正直に言ってくれる士業もいないでしょうけど、入ってやっぱり表情や態度に出ますから。どうもうさん臭いなぁと思ったら、保険を使ったことがあるかどうか、聞いてみると何か見えてくるかもしれませんね。

ウェブ検索での見つけ方

いまや士業もインターネットマーケティング全盛。私が開業した2003年頃は、それこそホームページを持っている士業の方が少ないくらいでしたが、いまや多くの士業が営業のためにホームページを持っています。ウェブ検索するとわんさか出てきますので、人づてで紹介してもらえない場合は、ウェブ検索が探し方の選択肢になります。

これも、ホームページがないからダメ、ということもなく、超実力派プロ士業はホームページを持っていなかったりしますが、そういう人をネットから探すことは不可能なので、検索できるサイトの見極め方について、解説していきたいと思います。

基本的に、見るべきところは「所長のプロフィール及び実績」です。コスト重視の場合は、価格を見れば十分ですが、あなたの会社を伸ばすためのプロ士業かどうかを見極めるには、まずはどんな士業なのかを判断する必要があります。

目安となるのは、業歴の長さ、表示されていれば実務の実績数。士業としての仕事振りはこのあたりがひとつの目安になります。ある程度あなたが安心するような実績値があれば、あとは問い合わせてみるしかありません。前掲の「小さな仕事や相談」ですね。そのレスポンスを見て、依頼に値する士業がどうか、見極めましょう。

ほかに目安となる情報としては、ＳＮＳがあります。気になる士業がいたら、実名検索をしてみましょう。多くの士業がいまはTwitter、Facebook、Instagram、YouTubeなどを活用していますので、そこでさらに人となりも見えるでしょう。これも、実力と比例しないので、あくまで目安なのですが、そこでの発言や記事がネガティブなものが多ければ、やはりそういう人。人物としての判断基準になります。

あとは更新頻度ですね。毎日更新しているような人はマメな人なわけですし、まったく更新していない人はズボラなのかもしれません。やはりこのあたりも、実力との相関関係が絶対的にあるわけではないので、あくまで目安です。

ただ、ひとつウェブ検索で士業の「経営者」としての実力を見極める方法があります。それは、リスティング広告を出しているかどうか、です。検索エンジンで「税理士 新宿区」などで検索すると、検索結果とともに広告が表示されます。

広告を出しているということは、マーケティングや売上増、つまり経営に積極的な士業であると認識して良いでしょう。経営を知っているということは、法律実務以上の相談ができる可能性もありますので、これはひとつの選択基準になります（ただ、これは書いていいのかわかりませんが、そういったマーケティングをすべて外注している場合もあるので、理解した上で時間との兼ね合いから委託しているのか、それとも何もわからないから外注しているのかは、話を聞いた上でよく見極めてください）。

積極的にセカンドオピニオンを

正直、これも士業の世界からは総スカンをくらう可能性があるのですが、**士業のセカンドオピニオンは積極的に持つべき**でしょう。本当に士業の実力差は大きい。ひとりの士業への依頼だけでは、正直わからないものです。

複数の士業から話を聞くことで、実力差が初めてわかるわけですし、最初から理想的なプロ士業に出会える可能性は決して高くないので、積極的にセカンドオピニオンとして、小さな相談、小さな依頼は続けていくべきです。

もちろんセカンドオピニオンは、依頼を受ける士業としては、気持ち良いものではありません。やはり、「あなただけにお願いします」と言われた方が気持ちよく仕事できるもの。しかし、士業はそもそもあなたの会社に貢献して初めて報酬をもらえる立場です。

ここは最初に「先生を信頼していないわけではないのですが、様々な意見を勉強したく、ほかの先生にも相談してみたいのですが、それって可能でしょうか？」と聞きましょう。勉強をしたいという気持ちを士業が折ることは少ないし、可能でしょうか？　と聞けば、ＮＯとも言いにくいです。

もちろん、あなたが納得のいくプロ士業に出会えればそれでいいのですが、最初は複数の士業に当たることも、極めて重要な点だといえるでしょう。

そして、このセカンドオピニオンを発展させたのが、同資格の複数顧問です。例えば、助成金に強い社労士と顧問契約をし、その社労士には助成金に集中してもらう。手続きは別の社労士にお願いする、など。

ほかにも、融資業務だけの顧問税理士と税務だけの税理士に分けて契約をする。事前に許諾を取ればまったく問題ありません。複数の同資格士業と契約して、その報酬以上の結果が出れば良いのですから、これもひとつ検討してみる余地があります。

士業の育て方とは?

本章冒頭で、士業には選ぶという方法と「育てる」という方法があるとお伝えしました。これは、簡単に言ってしまえば、有望な若手士業がいたら、あなた好みに育ててしまうという方法です。

どの士業でも、開業1年前後がいいでしょう。そういえば、お伝えしていなかったですが、士業の選択に年齢は関係ありません。無駄に歳を取っているだけのベテランもいれば、若くて経験が浅くても、驚くほど優秀な士業もいるのです。

育てるなら基本は若手。できれば20代がいいでしょう。目をかけてあげて、報酬額も少し多めに払ってあげる。そして、これからの成長に期待していることを伝える。そうした開業時の恩は、忘れないものです。

私も20代前半で開業したので、多くの経営者に助けていただきました。実力も経験もない私に目をかけてくださって、時には食事をごちそうになったり、時には頼まなくてもいいような仕事を振ってくれたり……私はそんな経営者に全力で応えました。そして、いまの自分があるのです。

選び方として、性格の相性はあなた好みの人を選べばいいとして、適性的には「素直」

「誠実」「熱意」「将来の目標がある」こんな人を見つけたら、あなた好みに育てていくのもひとつの選択肢。時間はかかりますが、将来的にはびっくりするような報酬で、あなたの会社を助けてくれるようになるかもしれません。

最後に、あなたが求めるものを明確に

それぞれの士業にどんなことが頼めるのか。どんな可能性を秘めているのか。各士業の詳細は３章以降に譲ります。その前に前提的な士業の選び方として、あなたが求めていることを明確にする、というのも大事な準備です。

税理士に対して税務上のアドバイスだけを求めるのか、それとも経営上のアドバイスまで求めるのか。社労士には給与計算等の手続きだけ求めるのか、組織を飛躍させるためのコンサルティングまで求めるのか。

あなたが求めるものが明確であれば、士業もより提案しやすくなります。ですから、士業ごとにあなたが求めるものを明確にした上で、あなただけのプロ士業をお選びください。

第3章

税理士／公認会計士の選び方、使い方

一般常識が教えてくれない、税理士と公認会計士の違い

では、まずは経営者なら絶対に関係のある「税理士」からいきましょう。個人事業主の確定申告は、もはや自分でしかもオンラインで済ませられる時代です。国税庁のウェブサイトも昔に比べてだいぶ使い勝手がよくなりました。

ですから、基本的には「法人の経営者であるあなたが、どのように税理士を活用するか」という視点で解説をしていきます。ちなみに、個人の確定申告を税理士に代行を依頼する場合は、コストとして考えれば数万円から10万円前後で依頼することができます。現在の相場的な金額です。

さて、税理士と公認会計士。税理士でも「会計士の先生」等と呼ばれることもあり、同一に考えている人もいますが、資格としては異なります。細かい成り立ちや法律の解説をしても面白くないでしょうから、本書では実態を中心に解説していくことにします。

まず、税理士は税理士法に基づいた「税務、税金のプロ」です。これに対して、公認会計士は、同じく公認会計士法に基づいた「監査のプロ」です。税理士は、会社の中から税務書類をつくる。公認会計士は、外から財務の監査をする。

このように「中から」が税理士、「外から」が公認会計士と考えると、わかりやすいでしょう。ちなみに、税理士の数は7万8714人（令和2年）。公認会計士は3万7343名（令和1年）。士業の中でも、税理士は突出して人数が多いのも特徴です。

さて、ではなぜ税理士と公認会計士が混同されてしまうかといえば、それは独立した公認会計士は、「税理士登録をして税理士として開業することがほとんど」だからです。これも案外知られていないことなのですが、公認会計士は試験を受けずとも税理士になることができます。

細かいことを説明しだすとキリがないので簡潔にしますが、資格制度というのは、資格を保有することと、その資格を持って活動を行うというのは、また別のことなのです。資格を持っているだけの人を「有資格者」と呼びます。この有資格者が、税理士なら税理士会に登録することによって、晴れて税理士になれる。そういう仕組みなのです。

ちなみに、試験に通らずとも、弁護士も税理士登録が可能です。ですから、弁護士と税理士両方の資格を持ってダブルライセンスで仕事をしている士業は、弁護士の資格を使って、税理士登録をしている場合がほとんど。ですから、その場合は税務の知識があるかどうかというと謎です。

話をもとに戻しましょう。公認会計士は独立開業する場合、税理士登録をして税理士としても開業するとお伝えしました。なぜ、公認会計士として独立せず、税理士・公認会計士として独立することが多いのか。それにはこんな背景があります。

まず、公認会計士を目指す人の多くは、監査法人に就職します。監査法人とは、監査を業務とする法人。国内では、ＢＩＧ４と呼ばれる「有限責任あずさ監査法人」、「ＥＹ新日本有限責任監査法人」、「有限責任監査法人トーマツ」、「ＰｗＣあらた有限責任監査法人」が有名です。このような監査法人に就職し、資格取得を目指します。

合格後、勤務のまま監査法人を勤め上げる人もいれば、独立する人もいる。そういう流れなのですが、監査法人の仕事って、ほとんど上場企業とその準備企業に対しての仕事なのです。つまり、大企業相手にしかできない仕事が監査、つまり公認会計士の仕事なんですね。

税理士であれ公認会計士であれ、独立開業することになれば、クライアントのほとんどが中小企業です。大企業を相手にすることってなかなかありません。そうすると、個人で監査の仕事を受けるということが、世の中的にほとんどなく、登録できる税理士の資格を併せて独立せざるを得ない。そういう状況なのです。

ですから、税理士も公認会計士も、結構混同されて考えられてしまうわけです。

公認会計士兼税理士が「税務」を苦手とする理由

もはや解説するまでもないと思いますが、そういうわけで公認会計士は会計監査の知識はあっても、税務の知識がほとんどない状態で開業します（なかには勉強熱心で、税理士事務所に勤務してから開業する人もいますが）。ですから、基本的に税務をやったことがない人がほとんど。

にもかかわらず、公認会計士の試験難易度が高いと言われていることから、公認会計士と税理士を2つ持っていることは、優秀であることの証明のように見えてしまいますが、実はそうでもないのです（しかも実は、最近公認会計士の合格率は高くなってきたりしています）。

これに対して、税理士が税務を知らないということは、例外を除いてまずありえません。その理由は、税理士の資格を持っているだけでは登録することができず、税理士事務所等での2年以上の勤務経験とその証明が必要になるからです。

税理士事務所以外でも、勤務した一般法人の経理や申告に携わっていれば登録することはできますが、簡単な経理担当ではこの要件は満たすことができなくなっています。そういう意味では、税理士登録していれば、一定の実務経験はあるので、税務ができないということはまずありえません。

ただ、例外として前述の弁護士資格を通じた登録や、後述する税務署ＯＢからの登録は、実務経験なしに登録できてしまうので、少し注意が必要です。

では、公認会計士には特に仕事を依頼することがないかといえば、もちろんそんなことはありません。あなたが会社を大きくしたい。上場したいと考えていれば、最初から監査法人経験のある公認会計士・税理士に依頼をするのが良いでしょう。

これは普通の税理士には不可能です。加えて、あなたのビジネス規模が大きい場合も、公認会計士の方が良いでしょう。税理士はあくまでも中小企業向けの専門家であり、アドバイザー。上場準備、上場企業の税務まではわからないことがほとんどです。

ですから、あなたがスタートアップと呼ばれるような、上場を目指す場合には、税理士よりも公認会計士（つまり監査法人経験者）を選ぶのがベストだと言えます。

なぜ、税理士は「平均年齢60歳」なのか？

税理士の平均年齢は、なんと60歳以上と言われています。いくら人生１００年時代と言われて久しくも、１００歳まで現役って人はなかなかいませんので、かなりの高齢化社会です。ただ、50代、60代それ以上しかいないわけではなく、40代、30代の税理士も存在しますが（25歳以下はかなり少ない）、これにはからくりがあります。

まず、属人的な仕事なので、高齢になっても引退しない税理士が多数存在します。70代、80代でも事務所に出社している税理士っているんです。これに加えて、そもそも「試験合格」をするのが30代以降になることが多いわけで、開業年齢自体も決して若いとは言えません。

そして決定的なのが、税務署ＯＢの存在。税務署を一定期間勤め上げると、税理士の資格が付与されます。そして、税務署を定年退職後に税理士として独立する。こういう人が結構多いのです。そのため、平均年齢はどうしても上がってしまうわけです。

ただ、これはあくまでも平均であり、目安です。**最終的にプロ士業を選ぶのには年齢は関係なく、あくまでも実力で選ぶ。そういう視点が重要**です。

税務署ＯＢは、税務調査に強いって本当？

「税務署ＯＢの人は、税務署にいたぐらいだから税務調査に強い」「税務署ＯＢが顧問税理士なら、税務調査が入らない（？）」などといった都市伝説めいたものがあります。確かに、税務署の中にいた人なら、税務署のことには詳しいでしょう。ただし、これも慎重に判断すべきです。

まず、税務調査に強いかどうかでいえば、税務調査の担当者経験があるかどうかで全く異なります。長年、税務調査に携わってきた税務署職員からの税理士であれば、確かに税務調査には強いでしょう。税務調査に耐えうる税務が可能だと言えます。

しかしながら、ただ税務署にいたというだけでは、税務調査に強いという根拠になりません。こうしたブランディングに惑わされてはいけないのです。さらに、これは単なる傾向ですが、税務署は「正しく税金を収めてもらう」ことを考えているわけです。そうなると、視点は自然と行政側の視点になります。

そういう意味では、経営者サイドの融通が利きにくい……という傾向はあるでしょう。ただし、これはあくまで傾向なので、税理士個人個人をしっかり精査していく必要があります。

提案をする税理士が10％も存在しない理由とは？

これはすでに解説済みですが、基本的にただの税理士と顧問契約したところで、ほとんど提案などはないと言ってもいいでしょう。税務は無理なくやってくれますが、資金調達や節税の提案などが税理士側から自然にくることはまずありえません。

理由は前述のとおり、「自分のリスクを増やしたくないから」です。プロではない税理士の心情を代弁すれば、「できるだけクライアントからは何も言ってきてほしくないな。。。新しい節税商品の検討なんて面倒。無難に経営を続けてもらって、できれば業績を上げてもらって、それでもって顧問料も上げてくれないかな」です。

あ、あくまでも「プロではない人」ですよ。プロはこんなメンタリティではないですからね。あくまで、プロでない人です。

なぜ、「相続税」だけは、専門特化した税理士に依頼しなければならないのか？

これから、より具体的な税理士の選定方法をお伝えしますが、その前にひとつ「相続税」に関するトピックを。税理士は税金の専門家。それに関しては何の文句もありません。しかしながら、全員が相続税のプロかというと、これは違うのです。

ほとんどが、企業税務をメインとして、実は相続税に関する仕事は請けない税理士も多いのです。だから、税理士なら誰でも「相続税がかかる相続の相談」をしてもいいかというとそうでもないわけです。

テキトーに依頼したら、余計でとんでもない相続税がかかってしまって、どっひゃーみたいなこと、本当にあるんです。なぜ、こんなことが起こるかといえば、それは試験制度に秘密があります。

税理士試験は、ほかの試験とはちょっと異なる方式です。行政書士や社会保険労務士は、マークシート方式（一部記述式）。弁護士は短答試験と呼ばれるマークシート方式に加え、論文試験。司法書士試験は、筆記試験と口述試験。

形式は資格によって異なりますが、税理士試験がほかの資格試験ともっとも違うのは、科目別に受験することができ、一度合格した科目はずっと有効なところです。

試験制度をすべて解説する意味もないので、概要に留めますが、簿記論と財務諸表論は必須科目。法人税法と所得税法はどちらか合格すればＯＫ。残りもいくつかの科目があるのですが、要はこの選択科目で「相続税」を選択しないで合格し、税理士登録をする人もいるわけです。

ほかの科目は、企業税務をする以上は、いずれにせよ学ばなければならないものなので、どれを選んで合格してもそこまで大きな差にはならないのですが、相続税だけは受験科目で学ばないと学ぶ機会がないため、「税理士だけど、相続税はわからない」という税理士もなんだかんだいるのです。

とはいえ、相続税を受験科目に選択しなかった税理士が無能、ということでは全くありません。要は、あなたが相続税に関わる手続きを依頼するときは、相続を専門とした税理士に依頼した方が無難。そういうことになります。

税理士に何を求めるかで、選び方は変わってくる

それでは、具体的に顧問税理士を選ぶときの基準の話に入りましょう。まずは、どの税理士が良いか、どういう基準で選べばよいかの前に、あなたの目的を明確にする必要があります。

経営的なアドバイスを常にしてくれる税理士がいたとしても、あなたがそれを求めていなかったら、それは邪魔でしかありませんよね。なので、まずは目的の分類をしておきましょう。

⑴ 代行業者的に税理士を選ぶ

とにかく、アドバイスは要らない。黙って無事故で経理的な作業をやってくれる税理士がいればいい。会う必要もない。つまり、代行業者としての税理士がほしいのであれば、ある程度コストにこだわって探すのもひとつです。この場合は、紹介会社を使っても構いませんが、オーソドックスな税理士事務所は無数にありますので、人づてでも十分見つかるでしょう。ウェブ検索でもすぐに見つかります。

(2) 数字の把握が目的

正確に会社の数字を把握したい場合には、オーソドックスな税理士事務所で、きちんと仕事をする税理士事務所を選択するのがポイントです。前章で伝えたとおり、安過ぎる事務所は事故のもとなので、平均的な報酬額前後で探せばいいでしょう。

会社の数字を正確に把握するとは、「月次申告書（試算表）」つまり、毎月の会計の動きをきちんと伝えてくれる税理士事務所と契約することです。あなたの会社の税理士が、どこまでの仕事をしてくれているのか不明ですが、本来試算表は毎月税理士事務所から送るものです。

これが送られてきていない場合、税理士事務所は仕事をサボっているようなものなので、そのあたりをチクチク追及しても良いかも。「そんなことバラすな！」って税理士もいるかもしれませんけど、最低限の仕事をしていないのに、涼しい顔してんじゃないよって話です。試算表については、別途後述します。

(3) 節税、資金調達の提案を求める

これは、もうコンサルティングの領域です。きっちり高額の顧問報酬をこちら側から示し、できる内容を提示してもらいましょう。作業代行だけなら、年間60万円で済んだ顧問報酬が、場合によっては倍の１２０万円になるかもしれません。

でも、その費用によって、数百万円の節税に成功したり、数千万円の資金調達に成功すれば、安いものです。このあたりの活用方法が、税理士活用の醍醐味でしょう。あなたの会社にお金をもたらしてくれる税理士なのか、そうでないのか。コストではなく、投資と考え、税理士を働かせるのが良策です。

(4) 経営アドバイザーを求める

正直なところ、経営のアドバイスを求めても無駄です。中には辣腕の経営者税理士なんてのも存在しますが、経営のアドバイスまでできる税理士はかなりの少数派でしょう（なので、見つけたら貴重です）。確かに、税理士は様々な業界の決算を見ています。

しかし、見ているのはあくまでも「数字」です。実際の経営をやっているわけじゃない。だから、税理士事務所の経営アドバイスはできても、他業界のアドバイスまでできる税理士は実に少数です。なので、税理士にはあくまで税務、資金調達とお金のアドバイザーとして活用するのがベストと考えておくのが無難でしょう。

(5) コーチング的、友人的に求める

私もそうですが、経営者はエネルギーにあふれているので、とにかく喋りたい、話好きな人が多い。飲み会も好き（私は好きじゃない）。そして、自分の艱難辛苦、喜怒哀楽を

わかってほしい、理解してほしいと思うのも常。

そういうわけで、仲間、友人に近い存在としていてほしいというのも、ひとつの目的です。中にはコーチングを学んでいる税理士もいますから、そういった税理士にはコーチングの機会を設けてくれる税理士もいるでしょう。

以上、大きくわけて5分類。これ以外にも、あなたが税理士に求めるものがあれば、それはピックアップしておきましょう。求めるものに、応えてくれる税理士を探すことが重要です。

税理士法人と個人の違い

では、ここからはあなたの求める税理士を見つけるための、さらなる指標をお伝えしていきます。5つの目的大分類を見据えつつ、具体的にあなたの目的を叶えてくれる税理士をどう見抜くのか。そういう選択基準です。

まずは税理士法人と契約するか、個人事務所と契約するか。税理士特有の話です。まず、大型の税理士法人には、なんといっても大量のノウハウがあります。大量の顧問先がいるわけですから、そりゃものすごい数の事例があるわけです。

こういった手法や事例など、徹底的にその数を活用したいということであれば、大型の税理士法人を活用するのもひとつの選択です。

ちなみに、税理士法人のＢＩＧ４は、「ＫＰＭＧ税理士法人」、「ＰｗＣ税理士法人」、「ＥＹ税理士法人」、「デロイトトーマツ税理士法人」と言われています。加えて、準大手とも呼ばれるのが「辻・本郷税理士法人」、「税理士法人山田＆パートナーズ」などですね。このあたりは非常に大きな税理士事務所です。

ただし、どんな税理士が担当になるかは、運次第とも言えます。実力者が担当してくれれば、ノウハウをふんだんに使った節税や資金調達も可能でしょうけど、ないとは思いますが、万が一ヤバい担当者にあたってしまった場合は、その逆になってしまいます。まあ、ヤバい担当者ってのはあまりいないと思いますが、あなたが求める有能な担当税理士と出会えるかといえば、簡単とは言いにくいでしょう。

結局のところ、節税であれ資金調達であれ、その仕事の成果は属人的です。良い税理士と出会えるかどうかですべてが決まります。そういう意味では、個人事務所の方が、あなたの求める税理士とは出会いやすい。

ただし、これも規模の差はあれ、あなたが良いと思った税理士がいたとしても、その税理士と直接やりとりできず、いち職員が担当者になってしまう可能性も十分ありますので、そのあたりは事前に確認しておいた方がよいでしょう。

税務レベルをはかるには、試算表

その税理士が、どれだけ顧問先のことを考えているのか。その指標のひとつが「試算表」です。正直、前掲の目的⑵以上の税理士を求めるのであれば、試算表の提出は絶対です。正直、これをやらない。あるいは常に遅れての提出となれば、「会社の数字を把握する」という目的は果たせません。

もちろん、企業からの資料提出が遅れている場合などは、仕方のないことですが、きっちり提出しているのにもかかわらず試算表を出さないのは、職務怠慢です。

試算表をきっちり出す。それに加えて、試算表にコメントをしてくれる税理士がいれば、税務的には気が利いているし、有能と判断して差し支えありません。まずは、試算表の仕事振りを確認してから、契約内容の確認に入りましょう。

ところで、試算表というのは「過去の数字」です。例えば、8月が終わって資料を税理士事務所に送る。試算表ができ上がってくるのは早くても9月。9月になれば、9月の数字が動いていることになります。いわば通知表のようなものですね。

だから、税理士が把握しているのは過去。でも、経営にとって重要なのは、未来の予測です。ですから、あなたの会社の未来の数字について、予測や仮説を立ててくれる税理士がいれば、それもまた有能な証拠。そういったプランニングをしてくれる税理士は、当たり前にいそうで、実はなかなか存在しないのです。

自計化と記帳代行について

自計化というのは、日常の経理処理を自社でやること。記帳代行は、そういった経理処理そのものを税理士に依頼してしまうことです。基本的に、記帳代行をやっているかどうかだけでは、税理士の実力ははかれないというか、正直あまり関係ありません。あくまで代行業務ですから。ちなみに、記帳代行業務そのものは、税理士の独占業務というわけではなく、無資格者でも合法的に請けられる仕事です。

ですから、たまに記帳代行会社と提携している税理士事務所もありますが、正直代行業務の部分は正しく行われていれば、どこに頼んでもそこまでの実力差はありません。あくまで代行業務ですから。

記帳代行を依頼するかは、あなたの好みで決めれば良いことです。社内に担当者を置くのが難しければ、頼んでしまえばいいし、もっとリアルタイムで数字を把握したければ、自計化すればいいだけのことです。

ちなみに、私も行政書士である程度広範囲に知識はあるつもりですが、私自身が数字への関心が薄いため、全部顧問税理士に記帳を代行してもらっています（さすがにキャッシュフローとかは見てますけど）。

では、自計化すべきかどうかでいえば、税理士の意見を総合すると、できるだけ自計化すべきというのが税理士的な主張でしょう。経営者は、売上を伸ばすことには興味がありますが、細かい会計の流れまで関心があるかというと、そうでもありません。

売上が伸びているのに、コスト計算や仕入れの把握をしておらず、現金がなくなって黒字倒産する……なんて例は普通にあるものです。ですから、本来的には自社で把握しておいた方がいい。

しかしながら、把握が月単位でも問題ない業種などは、無理やり自計化しなくても良いと私は考えています。そういう意味では、無理やり自計化を勧めてくる税理士よりは、自計化すべきかどうかを本当にあなたの立場に立って考えてくれる税理士というのも、良い税理士だと言えるでしょう。

節税スキルは、大きく開いている

あなたが節税を強く税理士に望むのであれば、前述のとおりそれはコンサルティングの領域です。通常の顧問契約だけで強く節税を求めても、大した反応は返ってきません。ですから、報酬額を高めに提示し、有能な税理士にきちんと節税計画を立ててもらう方が、最終的に節税に成功する確率が高まります。

要は、通常の顧問契約の中での「節税」は、あくまでおまけとまでは言いませんが、本来やらなくても良い業務と認識している税理士も多いので、意識してやってもらう仕事として、そういった契約内容と報酬額を設定すべきです。

では、どんな税理士なら節税が成功するかといえば、まずは「節税」を事務所の特長として謳っている税理士が大前提です。「節税も可能」「節税の相談にも乗れる」は、弱いです。あくまでも、「得意」というところに頼まなければ、あなたが得られるような節税対策は得られません。

「節税の相談が受けられます」というのは、「あなたが節税のスキームや商品を持ってきてくれれば、それで節税できるかどうか検討できますよ」という意味です。率先してクライアントのために節税スキームの研究をするとか、新しい節税商品の動向を探るとか、普通はやってません。ですから、「得意かどうか」をきちんと尋ねるべきです。

ところで、節税商品の代表的なものに、「保険」があります。保険については、損金算入できるものがあり、保険に入ることで一時的な節税を可能にするものです（いずれ、解約して入金されれば、利益になるのであくまで一時的な節税）。

こうした保険を使った節税は、法改正と新しい保険のいたちごっこ的なものもあり、いままでは使えた保険が使えなくなったりするなど、なかなか情報を集めることだけでも大変なもので、やはり節税が得意な税理士でないと、効果的な節税は望めません。

中には、この保険での節税を得意とする税理士の中に、自ら保険代理店となって商品を提供する税理士もありますが、その税理士のスタンスにはちょっと注意が必要です。きちんとした節税商品としての保険を提案するならまあ問題ありませんが、悪質なのは「顧問先を保険販売のフロントエンド」と考えている事務所です。

とにかく顧問先に保険を売りつけよう、今月はひとりノルマ○件じゃあ！　と躍起になって保険を売る事務所もあるらしいので、そのあたりもこっそり探ってみてください。少なくとも、ただ保険を売りつけたい事務所が、あなたの会社の経営を真剣に考えているとは思えませんので。

資金調達を求めるのであれば、税理士でなくてもいい

税理士ならば、資金調達（特に融資）の相談にも乗ってくれる。はい、確かに乗ってくれますが、前述の節税と同じです。相談には乗ってくれますが、あくまでも相談したときだけです。最低限の「今期は決算書の業績がいいから、借りた方が良い」的なアドバイス

もなかったりします。

つまり、資金調達も「得意」な税理士を選ぶ必要があるわけです。税理士なら融資にも強そうなイメージがある……と思われるかもしれませんが、資金調達も税理士の独占業務ではありません。無資格でもできます。つまり、デフォルトの税理士業務ではないので、これも実力差は相当だと考えてください。

要はこれもコンサルティング領域です。高い報酬を支払ってこそ、高額の資金調達が実現できる高度コンサルティング業務なのです。1章でご登場いただいた小堺桂悦郎先生などがその典型例。ただ、小堺先生は元銀行員、元税理士事務所勤務での無資格開業なので、結構完璧なキャリアなんですけどね。


そして、あなたも経営者ならわかると思いますが、「お金は借りられる時に借りる」べきです。金融機関は、業績が悪い時には決して貸してくれません（コロナ融資のような例外はありますが）。

会社を堅調に維持するためには、常に借り続ける。しかも複数の金融機関から。これは会社経営の鉄則だと私は考えています（うちの会社も借り入れがあります）。

ところが、税理士の中には「無借金経営バンザイ！」みたいな人も結構いまして、そういう税理士は「不用意な借り入れはすべきではない」と諭してくださるのですが、最終的に現金がある会社が潰れることはありません。

まさにキャッシュ・イズ・キング。だから、無借金経営バンザイな税理士事務所は、個人的にはちょっと遠慮したいところです。

もちろん、無借金経営そのものが悪でもなんでもありませんので、あなたが無借金経営を目指すのであれば、特に資金調達能力に関しては、考慮しなくても良いでしょう。

ちょっと私見が入りましたね。

なので、税理士に税務を依頼する。それとは別に、資金調達のプロとも契約する。そういったやり方もひとつですし、前掲の小堺先生のクライアントはみんなそうされてます。税務はオーソドックスに税理士に依頼し、資金調達のアドバイスは小堺先生のアドバイスを受ける。これで数千万円の資金調達を成功させるのですから、月額の数万円とかの顧問料は、安いものですよね。

税理士の言う「キャッシュフロー経営」って何?

「キャッシュフロー経営」というのを聞いたことがあるかもしれません。これは、お金の流れを何らかの方法で明確にし、お金の悩みをなくすというのが大きな趣旨です。お金の流れを把握しておかないと、黒字なのに資金が足りない……なんてこともよくあることです。

あなたがもし、慢性的にお金が足りない……と考えていたら、こうしたキャッシュフロー経営について教えてくれる税理士などにアドバイスをお願いするのもひとつ。

ただ、これはあなた自身がキャッシュフローを把握し、改善する気がなければ意味がありませんので、お金に苦しい場合や経営上の数字を見直したいときなどに、検討すると良いかもしれません。ということで参考まで。

クラウド会計、ＩＴ会計、ＲＰＡは必須？

クラウド会計というと「マネーフォワード」や「freee」が有名ですが、このあたりに対応しているかどうかは、本書のいう「実力」とはあまり関係していません。

結局のところ、実力というのは考える力であって、ツールではない。逆の言い方をすると、こうしたクラウド会計に対応しているから、優れた会計事務所だと判断するのは早計ということです。

もちろん、業務効率化を徹底的に考えて、ＩＴ化しているのであれば、それは大きな評価ができます。つまり、あなたがどこに重きを置いているか。それが判断のしどころです。

近年、会計事務所界隈では「ＲＰＡ」というものがブームになりかけています。

ＲＰＡとは、「Robotic Process Automation」の略で、簡単に言えばパソコン上で動くロボット。会計処理などの単純業務をＲＰＡにやらせよう、ということで実際に取り組んでいる事務所もあるようです。

ただし、本書執筆時点ではまだ業界的にも様子見の段階であり、ＲＰＡの導入によって、あなたにどのようなメリットがあるのかは、まだ検討段階だといえるでしょう。

とはいえ、いまからＲＰＡの導入をしている事務所があれば、それは様々なことに積極的な証拠ですし、情報の最新性は担保できている事務所の証明にはなっているでしょう。

税理士以外の活動に忙しい税理士はどう考える

税理士の本業は言うまでもなく、税務です。2章でも解説しましたが、本業以外は副業なのかというと、個人的にはこの本業・副業という分け方は好きではなく、税理士がセミナーやろうとも出版しようともＤＶＤを販売しようとも、お客の役に立っているのであれば、好きにやれば良いと思ってます。貢献しているのであれば。

見極めの1点は、「いまの顧客のために、真剣に税務に取り組んでいるかどうか」ここだけです。新規開拓ばかりに目がいっている税理士は、顧問の解約率も高い傾向がありますす（顧問契約の解約率を聞くのも、ひとつの見極め方法ですね）。あくまで、あなたのことを考えてくれる税理士かどうか。これが大きなポイントです。

例えば、セミナーで講師をやっていた税理士がとても情熱的で好印象だった。その先生にお願いしたいと思って契約したけれど、いざ契約してみるとその先生はセミナー活動が忙しく、話す機会がほとんどなくて解約に至ったというケースもあります。

新規顧客獲得は、いつの世も重要なことですが、まずは自分のクライアントをきちんと見てくれる税理士でなければ、頼む理由もありませんので、そのあたりも見極めるポイントになります。

セミナーと併せて「出版」もひとつの営業手法ですし、多数の出版をしている税理士もいます。これも出版しているから良い、悪いではなく、前述のとおり顧客のことに一所懸命に動いてくれるのかどうかをよく見極めましょう。

出版もセミナーもそうなのですが、これは一種のブランディングです。この点で気をつけなければならないので、セミナーしているから、出版しているから、優れている税理士とは限らないということです。

出版もセミナーも経験のない、素晴らしい税理士は、たくさんいます。そういったものに惑わされず、本質をつかみましょう。

クライアントに情報提供しているかどうか

「釣った魚に餌をやらない」なんて言葉がありますが、普通に考えて税理士にとって一番大事なのは、「現在の顧問先」です。これ以外にはありません。

であれば、既存の顧問先にどれだけ情報を提供しているかというのも、ひとつの選択基準になります。情報提供の種類は問いません。

従来のニュースレターでもいいし、メルマガでも動画でもいいし、オンラインセミナーでもいい。ひとつ気をつけたいのはニュースレターとメルマガ。これ、実は（言っていいのかな？）ニュースレターの原稿を売っている会社があります。

つまり、その会社から原稿を買い取れば自分の事務所のニュースレターで使用することも、メルマガで使用することもできます。

なんて簡単にニュースレターができるんでしょう！ってことで、活用している事務所もあって、確かに税制改正とか情報を送らないよりマシですが、顧客への真剣度という点で考えるとどうなんでしょうね。

これは賛否あるので、事実だけ掲載しておきますけど、そういった行為ひとつとっても、税理士のスタンスがわかるものです。

特に、コロナ禍の税理士事務所。このときの差はひどかった。３月に経済産業省からセーフティネット保証４号、５号、危機関連保証の融資枠が発表されました。

ざっくり言うと、「政府としては、リーマン・ショック級の危機だと判断したので、融資をがっつり出しますよ」ということです。つまり、これから訪れるであろう経済危機に際して、融資が受けやすくなると政府が発表したわけです。

３月、４月と時間が経ち、緊急事態宣言が発令され、旅行業や飲食業を中心に、コロナ禍は大打撃を与えました。こんなときに、な一んにもしない税理士っていたわけですよ。いつもどおり「来た相談に答える」だけの。

何のために普段顧問料もらってんの？　こんなときに動かなくて何が顧問なの？　って私個人は心底憤りましたけど、そういう自分の顧問先が常に対岸の火事的な税理士もいるんです。コイツらは要注意。

これから依頼するときは、「コロナ禍のとき、顧問先に何をしましたか？」って聞いてください。個人的にはこの危機に何もしなかった税理士（だけじゃないんだけど）は、資格を剥奪してやりたい。まあ、言うまでもなくそんな権限私にはないんですけど。

コンサルティング領域を依頼するなら、やはり「判断」のできる税理士

これも2章で解説済みですが、節税業務、資金調達業務を依頼するなら、やはり税理士個人の「判断」ができる人がベストでしょう。でなければ、高い報酬額を支払う意味もありません。

そして、コンサルティング領域の依頼をする場合は、必ず提案を税理士からしてもらいましょう。節税業務であれ資金調達業務であれ、どのように計画し、どのように実施し、どのような結果を出すのか。

そして、それが報酬に見合う内容なのか。優秀な税理士に出会えれば、とにかくあなたの会社にキャッシュが増えます。

それが、「オーソドックスな顧問契約の中で、無理やりやってもらう」のではなく、「成果に見合う報酬を支払って実現させる」ものだというのを、改めて理解していただければと思います。

税理士の替え時は？

まず、税理士を替えるということ自体は、あまり頻繁に行われるものではありません。よほど大きな事故でもない限り、あるいは資金繰りが相当厳しいなどの理由がなければ、あなたもわざわざ税理士を替えるということも考えないでしょう。

新しい税理士にいちから会社の内容と経理の状況を伝えるのもなかなか大変なことですし、何より人間関係ができてしまうと断りにくいものです。

でも、そこはビジネスです。あなたの求めるサービスが提供されないのであれば、発破をかけるかそれでもダメなら税理士を替えるしかありません。

税理士は、やはりあなたのステージで替える（もしくは顧問税理士の対応を変えてもらう）ことが必要です。

スタート時は、何も知識がないから積極的に教えてくれる税理士が良くても、事業規模が拡大してきたら、別のアドバイスが必要になることもあります。

あるいは上場を目指すことになれば、多くの場合に税理士の変更が行われます。

前述のとおり、中小企業向けに仕事をしている税理士では、上場に向けた会計ができないため、公認会計士のちからを借りることも必要になるでしょう。

いずれにせよ、税理士の役割としては、会社の数字を正確に把握すること。そして、会社にできるだけ借金や利益を問わず、資金・現金をもたらすことです。

あなたが明確に目的を持って、**優秀な税理士に依頼すれば、数百万円、数千万円の資金調達をすることは実に簡単なこと**。ぜひ、もう一度その視点で税理士選びを真剣に考えてみてください。

ところで、税理士を替える細かなタイミングですが、替えるのであれば決算を行った時期がベストでしょう。

もちろん、期の途中に替えることもできますが、途中で税理士を替えるとなると、会計処理の方針の違いなどから、移行がスムーズにいかないこともあります。

とはいえ、どうしても替えたいと考えたのであれば、時期を待つことはありませんので、あなたの判断を優先してください。

第4章

行政書士／社会保険労務士の選び方、使い方

変わり者の多い行政書士、実力差が如実に出る社会保険労務士

のっけから「変わり者」扱いで行政書士の皆さんには申し訳ない気もしますが、私も行政書士ですし、良い意味での「変わり者」という意味でお受け取りください。そして、いつの間にか人気資格となった社会保険労務士。本章ではこの2つの資格について、選び方の解説を進めていきます。

ちなみに、いまや人気資格にランクインするようになった社会保険労務士。実は歴史としては浅いんです。なんと1968年に社会保険労務士法ができるまでは、社労士の仕事は行政書士の仕事だったんです。つまり、昔は社労士の仕事を行政書士が受けていたんですね。完全に分離したのは1980年。そのため、ベテランの先生方は「行政書士と社労士は2つでワンセット」とお考えになることも多いのです。マメ知識ですね。

行政書士には、どんな仕事が頼めるのか?

では、まずは行政書士の選び方からいきましょう。行政書士といえば、あまり知名度のない資格でしたが、1999年頃から漫画雑誌「モーニング」(講談社)で連載された

「カバチタレ！」がヒットし、テレビドラマになるなどして一気に知名度も人気度も高まりました。ですから、あなたも行政書士という存在は知っているんじゃないかと思います。しかしながら、「具体的に何ができる人？」と聞かれると、「あれ、そういえば……」みたいな人も多いんじゃないかと思います。人によっては建設業許可をやる人。人によっては相続の手続きをしてくれる人。

行政書士の印象は実に様々で、そして曖昧だというのが現実です。

では、なぜこのように仕事の内容がイマイチ知られていないかといえば、行政書士の取り扱える業務が、非常に広範囲にわたっているから。

つまり、まず行政書士とは、とにかく取り扱える業務範囲が広い資格。これが特徴です。行政書士に依頼できる仕事は、４分類（私の分け方です）。以下、概要を説明していきます。

⑴ 許認可申請

建設業許可、産廃業許可など、業種によっては行政から許可を取らなくてはならないものがあります。許可とか登録とか認可とか細かい種類に分かれているのですが、あなたが特にこれを隅から隅まで押さえる必要はありません。要は、許認可手続きを任せるなら行政書士と認識しておけば大丈夫です。理由は後述します。

⑵ 法人設立

株式会社、合同会社などの設立手続きも行政書士の仕事です。ただし、登記の部分は司法書士の独占業務になりますので、まるっと行政書士に設立手続きを依頼できるかというと、実はそうでもありませんので、この点は注意が必要です。これも後述します。

⑶ ビザ申請や帰化申請などの入管業務

外国人のビザ申請や、帰化申請なども行政書士の業務です。これは他士業が関わることの少ない専門分野と考えて良いでしょう。

⑷ 民事法務

行政書士の仕事には、行政書士法で「権利義務に関する相談、書類作成」というものがあります。この範囲に、離婚、相続、その他のいわゆる民事法務と呼ばれるものがあります。ただし、これも依頼する際には注意が必要です。やっぱりこれも後述します。

まずはこの4分類。「許認可」、「法人設立」、「入管業務」、「民事法務」が行政書士に依頼できることだと考えればいいでしょう。

あなたが行政書士にどんな手続きが依頼できるか知らなくていい理由

まず、あなたが事業を新しく始めるとき、新会社をつくるときなどは、行政書士を活用するのがベストです。正確に言うと「始めると考えた時」が相談するタイミング。せっかくいいアイディアを思いついて、新事業を始めようとしても、許可要件を満たしていなければ、会社をつくったところで営業ができません。ですから、この検討を行政書士にしてもらいます。

そのときに、「こんな事業をやりたい」と明確に伝えましょう。それで、許認可事業に当たるかどうか、調べてもらうのです。あなたが調べる時間は事業投資に回しましょう。ですから、あなたが許認可について調べる必要はないのです。

同様に、入管業務についても、あれこれ細かいことを調べる前に、行政書士に手続きが必要なのか、またどのような手続きが要るのかを調べてもらう。このように、許認可と入管業務に関しては、行政書士にリサーチしてもらうという考え方が、正しい考え方であり活用法だと言えます。

法人設立業務。行政書士、司法書士、税理士の違い

前述の会社設立業務について。ネットで「会社設立」と検索すると、無数のウェブサイトがヒットします。多いのは、行政書士、司法書士、そして税理士が運営するサイトです。

この3士業が会社設立業務を受注するために、営業用サイトをつくって広告を出したり、SEO対策をしているわけですね。そう考えると「いったいどの士業に依頼すればいいのか?」「そもそも、同じ会社設立業務を複数の士業が取り扱えるの?」という疑問が出てくると思いますので、それらについて解説していきます。

まず、行政書士の会社設立。これは、登記申請以外の業務を受けられることが、法律上認められています。つまり、最終的に行政書士だけでは、会社設立手続きを完了させることができません。ですから、法人設立を受ける行政書士は必ず司法書士と提携しています。

これに対して、司法書士はその資格のみで会社設立手続きを完了させることができます。ですから、いずれにせよ司法書士に依頼することになるのです。

「では、最初から司法書士に依頼すればいいのでは?」と思われるはず。確かにそのとおりで、会社設立だけなら司法書士に依頼すればOKです。商業登記をミスる司法書士もまずいないので、会社設立だけが目的であれば、司法書士への依頼で十分。

では、行政書士に依頼するメリットはどこにあるかといえば、「許認可事業」である場合には、行政書士を通じた会社設立の方が、問題なく許認可取得を前提に会社設立手続きを進められるということになります。

ということは、まとめると、**⑴ただ単に会社をつくるだけなら司法書士、⑵許認可事業の会社をつくるなら行政書士**、ということになります。

ただし、これも絶対ではなく許認可に詳しい司法書士がいれば、それで足りてしまうともいえますので、どちらに依頼するにしても、許認可事業の検討がクリアできていれば、問題ないといえるでしょう。税理士については次で触れます。

それから、会社設立を依頼する場合は、行政書士であれ司法書士であれ、基本事項の検討ができる人を選びましょう。

ポイントは、⑴決算期の適切な提案ができる、⑵株式・資本金の額についての適切な提案ができる、⑶役員構成、株主構成の適切な提案ができるなどです。最低限これらについては提案してもらえないと、依頼する意味がありません。

例えば、なーんにも考えずに「ほかの会社がほとんどそうだから」という理由で３月決算を勧める士業もいますが、例えば飲食店などは３月はちょうど利益がある月です。忘年会、新年会、歓送迎会などを経て一番利益のあるときに決算を迎えたら、節税のやりようもありません。

コロナ禍でまた飲食店の繁忙期なども変わる可能性がありますが、ともかく最低限の提案ができる士業に依頼すべきです。0円設立については後述しますが、何でも安ければよいというものではないのです。

贅沢を言えば、会社の本店所在地や社名についても相談でき、良きアイディアをもらえる士業に依頼できれば最高ですが、なかなかそこまで優秀な士業はいないので、このあたりはちょっと求め過ぎかな、とも思います。


ちなみに、ひとつ注意点を加えておくと、士業の業界には「本人申請」と「代理申請」という分け方があります。例えば、司法書士が会社の設立登記申請をする場合には、その司法書士が代理人となって法務局に登記申請します。

ですから、司法書士の名前で申請することになるわけです。これに対して、代理人を介さず本人が申請することを「本人申請」と呼ぶのですが、これがスラング的に呼ばれているのが行政書士の世界です。

要は、「本来登記申請を行政書士がやることはできないけれど、登記書類をつくること自体はできるから、本人が申請した体で出さないか。その分安くできるよ」みたいな提案をしてくる事務所もチラホラある……と聞きます。

これは違法行為です。法律を自ら堂々と破る行政書士に未来はありませんので、くれぐれも違法行為に加担しないようにお気をつけください。

会社設立業務０円のからくり

ネットで「会社設立」を検索すると、無数のウェブサイトとともに「会社設立０円」という事務所がチラホラ出てくると思います。手続きを無料でやります。そういうことです。こうした０円サービスをしているのは、そのほとんどが税理士事務所です。そして、０円設立の多くが、税理士との顧問契約を前提にしているのです。

つまり、「会社設立は無料だけど、顧問にしてね」という2段階方式になっているわけです。司法書士事務所等と提携して、司法書士への登記費用を税理士事務所が自腹で払ったとしても、顧問契約が取れれば、十分もとが取れる。そういうビジネスモデルです。ですから、こうした０円設立を活用するのも、ひとつの方法です。

もちろん、これにも注意が必要です。いくら０円で会社設立ができたとしても税理士のレベルが低ければ、無駄な顧問料を支払うハメになってしまいます。さらに、前述のとおり、会社設立時の基本事項（資本金とか株式とか）に関して慎重な検討がされるかなど、疑問は残りますので、その点は必ず確認してください。

そのほか、会社設立時には「定款」という書類をつくる必要があるのですが、紙媒体で書類をつくると印紙税が4万円かかるのに対し、電子ファイルで「電子定款」としてデータでつくると4万円の印紙税が免除されます（印紙税は、「紙」にかかる税金なので、データは紙ではないからという理屈）。

ネット上では、電子定款だけ行政書士に頼んであとは自分で手続きをすると安いとか、実に様々な「安くする」方法が解説されていますが、これに私は反対です。

私が行政書士だから、士業の肩を持つわけではありません。そもそも、会社設立手続きは、コストじゃないんです。あなたの会社をつくるという、最初でもっとも重要な仕事なわけです。

社名、本店所在地、株式、役員構成、株主構成、決算期など超重要事項を決めるわけです。これはコストではなく、やはり投資です。

単純に、節税のためだけの法人設立で、社名もどうでもいいし、株主も役員も自分ひとりだし……のような場合は、格安設立でも0円設立でもいいのでしょうけど、結局最初に数万円程度安くなったところで、あとで変更事項が起これば、再度変更登記をしなければならないし、結局損をするのは自分なのです。

それに、2章で触れたとおり、**士業は「人脈ハブ」としての活用もできます**。コストではないのです。ですから、結論を言うと行政書士または司法書士に、会社の基本事項及び許認可事業について、慎重に検討してもらったのち、設立を依頼する。その後、あなた好みの税理士をあなたの目的に沿って探す。

単発で会社設立を依頼したところで、高くても10万円程度です（印紙代等は別）。こんな金額をケチっていて、大成功できるかどうかと問われれば、ご理解いただけるんじゃないかと思います。

行政書士に民事法務を依頼する場合の注意点

行政書士に民事法務を依頼するときの注意点も解説しておきます。ただ、これは直接的に経営に関する話ではないので、サラッと解説しておきますね。

さてあらためて。行政書士の中には、「離婚」、「遺言」、「相続」などの民事法務を取り扱う事務所もあります。

細かいところまでいくと、クーリングオフのための内容証明郵便の作成や、同じく借金の督促のための内容証明郵便作成なども行政書士の業務範囲です。このあたりは、前掲「カバチタレ！」の影響もあいまって、一時は行政書士の中でも人気業務でした。

同作品の中では、まるで弁護士のような八面六臂の活躍を主人公たちが見せるなど、「行政書士ってこんなことまでできるんだ」と行政書士ファンをつくったものです。しかしながら、現実とドラマの世界はやはりちょっと違います。

依頼人に代わって「代理交渉」ができるのは、弁護士のみです。これに特例はありません。つまり、弁護士以外が依頼人の代理人になることはできないのです。このことから、各業務についてちょっと解説していきましょう。


まずは離婚業務。これは、夫婦どちらか一方の依頼を受けて業務に当たるわけですが、行政書士が法律的に受任できるのは、書類作成とその相談。ですから、どちらか一方の代理人となって交渉することはできません。

ただし、内容証明等の通知を代わりに書くことは有効とされていますので、書類のやりとりであれば、行政書士に依頼しても問題ありません。しかしながら、離婚協議がうまくいかず、調停、裁判となればもうそれは行政書士の領域ではありません。弁護士の出番となります。

行政書士に依頼して、うまくいかなかったら弁護士……でも良いのですが、もう一度案件について伝えなければならず、また行政書士と弁護士の連携がうまく取れない場合などは、案件がこじれてしまう可能性があります。

ですから、離婚業務を行政書士に依頼する場合は、「離婚することが決まっていて、問題のない離婚協議書を公正証書にてつくりたい」場合にするのがベストです。それなら費用もさほどかかりません。

遺言業務は、遺言書の文案作成が主な仕事です。自筆証書遺言の場合は、相談をした上であなたが直接書く必要がありますから、丸投げはできません。公正証書遺言をつくる場合には、公証役場に相談しながらとなりますが、やはり相談が主な行政書士の業務です。

終活という言葉が一般的になって久しいですが、遺言業務を依頼するのであれば、あなたの話をヒアリングしてくれた上で、案件をディレクションした上で、文案をつくってくれる士業に依頼すべきです（遺言書は、行政書士、司法書士、弁護士が扱えます）。

別の言い方をすると、「あなたの意思に沿ってただ文案をつくってくれる」だけであれば、依頼する価値がないということ。例えば、夫婦とその娘である姉妹２人の家庭があったとして、夫が遺言書を残す。妻に不動産と現金。姉には不動産。妹には現金。こう残したいと考え、相談する。文案は、間違いのないものができてくるでしょう。

でも、その遺言が家族を幸せにするかどうかはわかりません。

この例でいえば、ひとりだけ不動産をもらえなかった妹はどう感じるのだろうか。姉との不平等を感じてしまうのではないか。それなら、いったん妻に不動産のすべてを相続させて、姉妹には現金は平等に与えた方が、禍根が残らないのではないか。そういう提案をしてくれる士業がいたら最高です。

文案を考えて提案してくれる士業。これが遺言業務のプロ士業なのです。

そして「相続」。相続業務は、弁護士、税理士、行政書士、司法書士がその看板を掲げています。では、どの士業に依頼すればいいかというと、紛争的な相続は弁護士。相続税のかかるような相続であれば税理士。不動産があれば司法書士。そういう役割があります。

言い換えれば、ひとつの士業では完結しないのも、また相続業務の特徴でもあります。

では、行政書士はどんな役割を担っているかというと、これら相続業務にかかわる士業の人脈ハブとなって、チームをまとめる役。優秀な行政書士ほど、このポジションで相続業務に当たります。

相続業務チームを持っているか？　そしてそのチームのリーダーたる役割を果たしているか？　これもプロ士業を見抜くひとつのポイントです。

特定行政書士というのもあるんですが……

行政書士にも上級版があります。それが「特定行政書士」です。

私も特定行政書士。行政書士がさらに試験を受けて合格することで特定行政書士になれます。特定行政書士の特徴は、行政に対して不服申立て手続きの代理やその書類作成ができます。

ですから、あなたが何かしらの許認可を自分で申請して、ダメだった場合に、行政書士に依頼すれば不服申立て手続きをやってくれる……と思われがちなのですが、それはできないのです。

「は？　どういうこと？」という声が聞こえてきそうですけど、特定行政書士の不服申立て手続き代理は、行政書士が行った手続きに対して、代理ができるというものなんです。つまり、行政書士である自分のミス（ｏｒ行政の不備）。あるいは、誰か別の行政書士が申請したものであることが前提なんです。

つまり、ミスなら自分のミスのカバー。もしくは他の行政書士のミスのカバーということになります。なので、業界的にはあまり使う機会がないのではないかと囁かれていますが、特定行政書士を持っているということで、いまも勉強熱心なことは伝わるかな……個人的にはもうちょっと使える制度になったらいいな、というのはあります。

行政書士は、規模よりも専門性と拡張性で選ぶ

前章で、税理士法人か個人かの解説をしましたが、行政書士法人も基本的には同じです。大規模法人の方が許認可等のノウハウは揃っているでしょう。ほかの事務所ではダメだった許認可が、大規模法人では通すことができた……なんて可能性もありますが、基本的に

は属人的。担当者で結果が変わるのは、税理士法人でも行政書士法人でも同じです。ただ、行政書士の場合は、規模感で判断するというよりは、その専門性で判断すべきです。専門性とは、確立した専門分野を持つことと同時に、どれだけ経験値があるか、ということになります。

前述のとおり、行政書士の仕事は広範囲です。ですから、何でもできる事務所のノウハウは、広く浅くなりがち。というか、個人ですべての業務を取り扱うなんて、基本的にはまず無理で、ある程度の専門性を持つ必要があります。行政書士側としても、すべての業務の取り扱いは不可能なのです（大規模事務所ならできる可能性はありますが）。

ですから、高い専門性を誇る事務所に依頼すべき。これが行政書士を活用するための最大のポイントです。そして、いまは「ただ専門分野がある」だけではプロ士業とは言えず、さらに高みを目指している行政書士こそ、プロ士業なのです。

具体例を挙げていきましょう。

大阪府枚方市に事務所を構える、行政書士の川添賢史という方がいます。

彼は、入管業務のプロフェッショナル。語学も堪能。あらゆるビザ申請、帰化申請などを専門的に扱い、事務所への年間問い合わせ数は1000件を超えるというバケモノ（もちろん良い意味で）事務所なのです。そのため、行政書士業界でも高い知名度を誇ります。

専門性については、1ミリも問題ありません。彼の場合は、相談に訪れた外国人に対して、手続きをするだけではなく、その後のサポートも行っています。例えば、日本で起業したい外国人がいれば、経営管理ビザの取得だけではなく、テナント手配や採用のイロハの指導など。

「それって行政書士の仕事なの？」という意見もあるでしょうけど、そもそも外国人が物件を借りるってだけでも大変なわけで、ビザ取ったらそれで終わりってわけではないんです。お客の外国人からすれば、経営管理ビザ取得はスタートライン。ここからの方が大変なわけです。

この部分をコンサルティングできるのが彼、川添行政書士なのです。報酬もきっちり取ってます。プロですからね。中途半端に報酬をケチるより、行政書士の業務範囲を超えてコンサルティングできる。これが拡張性です。

「業務を超えて何かしてもらえるコンサルティングやサービスはありますか？」

これが行政書士の拡張性をはかる質問です。もちろん、あなたの目的が単に許認可取得だけなら、聞く必要はありませんが、行政書士には一度聞いてみた方がいいです。それは、こんな理由から。

行政書士は、行政書士以外の能力も使え

行政書士には「変人」が多いとお伝えしました（「変わり者」でしたっけ?）。というのも、ほかの資格と比べて、行政書士の多様性といったらないんです。どういうことかというと、行政書士になる流れが、ほかの士業と違います。

弁護士の場合は、ほとんどが就職等をせずに法科大学院から弁護士事務所に就職という流れが一般的。税理士の場合も、税理士事務所に勤務した上で資格を取って独立が多い。社労士の場合は、一般企業で総務人事担当を経て、社労士事務所で経験を積んで独立。司法書士も勤務経験を経てから独立。こんな流れが多いのです。

これに対して、行政書士の場合は事務所経験を経て独立した人というのはあまり多くありません。そして、何より特徴的なのが、これまでの社会人経験とまったく関係のないところから行政書士を取得し、開業するという人が多いのです。

つまり、前職が行政書士事務所、あるいは関連する士業事務所ではない行政書士が多い、ということになります。

行政書士は受験資格もなく、受けやすい法律資格なので、それも一因でしょう（ちなみに、司法書士も受験資格がありません。誰でも受験できます。一方で、社労士や税理士は

大卒資格を求められたり等、誰でも受験できるわけじゃないんですね）。ということは、行政書士の前職は、必ずしも法律系ではない。営業職に就いていた人もいれば、プログラマーだった人もいるし、公務員だった人もいれば、社会人経験なしに行政書士で開業した人もいます（私です）。

ですから、行政書士の場合は、行政書士以外に何ができるかを聞くのもポイントです。ダブル領域を持っている行政書士は重宝します。専門性の高さとはまた別のプロ士業。横の拡張性がある行政書士は、付き合っておいて損はありません。

かなり古い話で恐縮ですが、私が行政書士で独立開業したのが２００３年。当時はインターネット・マーケティングの黎明期でした。まだまだネット営業に詳しい人がおらず、これはチャンスとビジネス・ブームになりかけていた「ブログ」に注目。当時はブログが世の中に出始めた頃だったんですね。

私はブログでの営業に特化したコンサルタントを目指し、出版も実現し、一気に仕事を広げました。「どうせ頼むなら、ブログのプロでもある横須賀さんに」と当時は言われたものです。ですから、行政書士には依頼する機会があれば、一度はこの拡張性を確認する質問「行政書士のほかに、なにか得意なことがありますか？」と聞いてみると、思ってもみない提案が来るかもしれません。

何でも知っているが、何にも知らないのが魅力？

2章では、どの士業にどんな相談を持っていっても問題ないと解説しました。ただ、その中で窓口としてベストな資格を挙げるとすれば、**行政書士を最初の窓口にするのも、ひとつの活用方法**です。

理由は、そもそもの業務範囲がかなり広範囲なため、色々な点にアンテナが立てやすい。言い換えれば、広く浅くいろんなことを知っている行政書士が多いため（中には無知な人もいるんですけど）、とりあえずの窓口として行政書士を選ぶのは良い選択だと言えるでしょう。詳細までは知らないけれど、広く浅く様々なことを知っていて重宝するという行政書士がいたら、それは貴重な存在です。

本章で解説した会社設立などもそう。許認可、登記はもちろんのこと、税務、労務、知的財産、マーケティング等、知っていれば最初にやれることって多いものです。ですから、拡張性も含めて、広く浅くものごとを知っている行政書士は、拡張型のプロ士業として、お付き合いをすることをお勧めします。

同じく2章で解説した、提案もぜひお願いしてみてください。**月額○万円なら、どのような仕事ができますか？**と。拡張性を考慮すると、ほかの士業よりも面白いものが出てくるかもしれません。

人脈のない行政書士には、魅力がない

本章で取り上げた相続業務のように、そもそもひとつの資格では成立しない業務もあります。ですから、人脈のない行政書士には魅力がありません。

「士業の人脈を使え」とは2章で解説したことですが、もっとも多様性を持った人脈を持つのが行政書士でもあります。ほかの士業ももちろんクライアント先なり、人脈はありますが、多様性だけを見ると個人差はあれ、行政書士がもっともその可能性を秘めています。

行政書士に仕事を依頼し、その拡張性を聞く。そして、人間関係をつくってその人脈を活用すれば、最初の数万円、十数万円なんてケチるレベルじゃありません。行政書士は、以上のような視点で選んでいくと良いでしょう。

これからの注目度ナンバーワン、社会保険労務士

私のような立場で「注目度ナンバーワン」なんて言ってしまうと、いろいろ誤解を招く原因になるのであまり言いたくないのですが、事実なので公言しましょう。これからは社

労士の活用が、よりあなたの会社を成長させるために必要不可欠な人材となります。

もっとも、これは「労務分野に大きなニーズが生じる」ということで、社労士の資格を取れば人生安泰って意味ではありません。どんな資格でも成功する人はするし、できない人はどんな資格があっても成功できない。それは世の常です。

なぜ、労務分野に大きなニーズが生じるのか。あなたの立場から言えば、「これからはもっと労務問題が起こる」ということになりますが、これには複雑な背景があります。私の分析をお伝えしましょう。

まずは、世の中の価値観。戦後の高度経済成長期からバブル期まで、日本は好景気でした。これを会社経営と従業員に置き換えて考えてみると、追いつけ追い越せで出世は誰もが目指したものだし、昇給なんかも当たり前に行われていました。

会社で働くということは、色々な我慢が生じるもの。でも、我慢さえしていれば、夢のマイホームや車が手に入った。「総中流社会」なんて呼ばれましたね。このときの価値観は「競争」であり、「成長」であり、「豊かさを目指す」ものでした。

ところが、バブル崩壊後、日本は不景気になります。加えて技術革新やインターネットの普及により、驚くほど世の中が豊かになりました。「飽和した時代」とも言われましたね。価値観としては、いまの言葉で言えば「多様化」。あるいは相互に価値を認め合う時代になったとでもいいましょうか。

いずれにせよ、頑張っても給料が上がりにくい。頑張らなくてもそれなりにモノは手に入る。そういう時代に入っていきました。

そしてリーマン・ショック、東日本大震災という苦難を乗り越え、アベノミクスで景気は回復し、東京オリンピックで特需か……という矢先、２０２０年に起きたのが新型コロナウイルス感染症。世界的な混乱をもたらし、本書執筆中にも毎日ニュースで騒がれています。

こうした不況時代は、どんなに会社で我慢しても給料が上がるどころか、社員の地位が確保できるかすら怪しいもの。こうした「我慢しても豊かな未来が見えない」とき、人はいまの不満をぶつけるようになります。つまり、会社で働くことそのものに、我慢ができなくなるのです。そうなると、労務上の問題が増えていきます。

「適切な評価がされていない」、「研修制度が不十分だ」、「パワハラを受けている」など、被害者として訴える従業員が増えてきました。インターネットによって、労働基準法などの情報が手に入りやすくなったことも、拍車をかけているといえるでしょう。

このように、世の中が成長しない＝会社が成長しない＝給与が上がらないというサイクルの中で、労務問題というのは次々と増えていくのです。

これに加えて、「概念」が増えやすいというのも、労務問題が増えやすい一因です。例えば、30年前は、ハラスメントという概念は希薄でした。せいぜいパワー・ハラスメントやセクシャル・ハラスメントくらいのもので、それも大きな問題ではありませんでした。しかし、いまではパワハラ防止法が施行されるなど、世の中に労務問題という概念が広まりつつあります。メンタルヘルス対策などもそうですね。

こんなものも、昔はありませんでした。「気合が足りない！」で済んだ話ですし（済まないんですけど）、世間からも軽視されていました。いまでは、メンタルヘルス対策は企業の義務になりましたし、概念は増えるもの。いまもこの瞬間に新しいハラスメントは生まれているでしょうし、それだけ労務問題というのは今後永遠に続く課題だといえるでしょう。

こんな背景から、今後あなたの会社を伸ばすために社労士は必要な存在ですし、これを仕事にする社労士は、やはり注目度ナンバーワンなわけです。

社会保険労務士に依頼できるのは、手続きとコンサルティング

社労士にどのような仕事が依頼できるのか。案外整理されていないと思いますので、一度整理をしておきましょう。社労士に依頼できる仕事は、次のとおりです。

(1) 社会保険、雇用保険の手続き

従業員が入社、退社する場合には社会保険と雇用保険の手続きが必要です。それぞれ加入要件がありますが、この要件を満たしたときにはこれらの手続きが必要になります。これが必要かどうかの相談や手続きの依頼。これが社労士の代表的な業務となります。

(2) 年金に関する相談と手続き

企業であれば、主に厚生年金の加入手続きが社労士に依頼する業務となります。これに加えて、遺族年金や障害年金なども取り扱い業務となっており、それらを専門にする社労士もいます。社労士は年金の専門家でもあるわけです。

(3) 助成金業務

これも社労士の代表的な仕事です。助成金と補助金は違うもので、厚生労働省による雇用に関連したものが助成金。これは要件を満たせば必ず受給できます（不正等がなければ）。

これに対し補助金は、主に経済産業省によるもの。これは一定の条件を満たしたあとに、採択というプロセスを経て支給されるもの。補助金は要件を満たしていても、絶対ではないのでその点が助成金と異なる点です。どの社労士に助成金を依頼すればいいかの判断基

準は、のちほど解説することにします。

⑷ 就業規則、社内規程等の作成

就業規則も社労士業務の代名詞です。これは実力差が如実に出ます。ひな形に少し手を加えたものしかつくれない社労士と、会社の実態に合わせた効果的な就業規則がつくれるかどうか。大きな差です。

見極めは、やはり実績数。それと、こういう聞き方をしてください。「これまで作成された就業規則で、特殊なものにはどんなものがありましたか?」と。ひな形だけで何も考えていない社労士は、これに回答することができません。

これに対して、ひとつひとつの案件に際し、条文の創作をしたり、企業ごとに内容を変えてきた経験がある社労士は、事例をひとつひとつ話すことができます（守秘義務との関係はあるでしょうけど）。

⑸ 個別労働関係紛争、あっせん手続きの代理（特定社会保険労務士について）

従業員と紛争になった場合に、労働局を通じた紛争解決手続きがあります。この手続きの代理をすることが可能です。ただし、これは単なる社労士の資格だけでは足りず、「特定社会保険労務士」の資格が必要になります。

特定社会保険労務士とは……特定社会保険労務士は、厚生労働大臣が定める研修を受け、試験に合格する必要があります。社労士の上位版と考えればわかりやすいでしょう。今後、労務問題について高度な相談をしたい場合、特定社会保険労務士かどうかはひとつの目安になりますので、覚えておいてください。

⑹ 給与計算業務

社労士が業務のひとつとして、給与計算を請けている場合があります。「請けている場合があります」というのは、これも実は法定業務ではなく、無資格でできるものです。人事労務関係を見てもらう延長で、給与計算までお願いしているというのがほとんどですね。ちなみに、税理士も給与計算業務をやっていることがあります。給与計算もほとんど誰に頼んでも差が出ない業務ですが、大人数の給与計算、手当等が複雑な会社の場合は、給与計算も高度になるので、自信を持って請けてくれる（経験のある）社労士に依頼することがポイントになります。

⑺ 労務相談とコンサルティング業務

このあたりの見極めが非常に難しいところです。ざっくりと分ければ、労務相談は労働問題が生じた際に労働基準法を中心に違反をしていないかを確認するためのもの。これに対して、コンサルティング業務は下記のとおり。そして、どんな社労士でもできるわけではありません。

①労基法だけでは解決できない問題

例えば、サービス残業が実態化していた会社が、従業員の要求で残業代を請求されたとしましょう。普通に考えれば、未払い残業代を支払えばそれで終わり。でも、中には「お金の問題じゃない！　誠意を見せろ！」みたいなまるで外交問題みたいになることもあるものです。

こういう法律を超えた問題に対処できるか。対処できれば、その社労士は立派なプロ士業ということになります。そのほか、採用、育成、社員の定着率向上なども法定外で必要な労務です。これができるかどうかも、プロと普通の社労士の大きな差になります。

②評価制度、賃金制度等の制度設計

会社が大きくなれば、それまで曖昧だった評価制度や賃金制度を社員全体に公平に開示するため、制度を導入しなければならない時期がきます。その際に、きちんと機能できる評価制度等を設計できるか。この分かれ目が、普通の社労士とプロ社労士の違いです。

「評価制度の設計ができる」「賃金制度の設計も導入もできる」という社労士は多いです

が、本当にできるかどうかは、本当に個人差があります。他所から買ってきた評価制度をそのまま入れるだけの社労士もいれば、何十社も導入実績を持つ社労士も。

ですから、評価制度等の設計、コンサルティングができるかどうかは本当に見極めるポイント。判断するための質問は、「何社導入し、その結果、その会社はどうなりました？」です。ただ入れるだけなら簡単。でも、導入して運用していくのは至難の業。ここまで掘り下げて聞くことが重要です。

③研修業務

専門分野が労務なので、人材育成に関わる研修をひとつの業務として受けている社労士も多数います。研修に関しては、ただ研修をするのが普通の社労士。きちんと結果を出せる研修ができるのがプロ社労士といえるでしょう。

例えば、プロ社労士の一例を挙げるならば、東京都中央区に事務所を構える湯澤悟社労士がいます。

湯澤氏は、パワー・ハラスメントの専門家。研修だけではなかなか防ぐことのできないパワハラ対策を、研修、現場への徹底した指導、独自に開発したツールなどを活用し、見事に職場からパワハラを消滅させます。

研修をしました、なかなか研修だけでは成果が出ないですね、あはは、みたいな社労士とは違います。こうした結果を出せる研修をするのも、プロ社労士だと言えるでしょう。見極めるポイントは、「本当に成果が出ますか？」という質問に「わかりません」ではなく、「結果が出るまでやり続けます」と回答する社労士。このあたりも大きな差です。

ところで、研修には厚生労働省から助成金が出ることがあります。助成金は毎年変わるので（毎年4月に発表されます）、ない年もありますが、研修系の助成金は要件を満たしやすく、これをもとに営業をする社労士または研修会社があります。

ただ、短絡的に研修さえ受ければ助成金がもらえるというのはちょっと考えもので、中には無理やり自分たちの商品を売りたいがゆえに、研修系の助成金をフロントエンドにすることも。そういう会社は得てして利益優先ですので、本当に結果の出る研修とセットになっているかも怪しいもの。

ですから、あくまで人材育成のための研修を実施し、その結果助成金が出るという本来の制度趣旨を忘れないことも重要です。まあ、もらえるものならもらいたいって気持ちも、わからなくはありませんがね。私も経営者なので。

助成金業務は、コンサルティングも提案させる

さて、ここからはより個別、より具体的に社労士の選択基準を解説していきましょう。

手続きはおおよそどの社労士でも問題なくこなします。ポイントは、それ以上の仕事ができるかどうかです。

社労士の法定業務の中でいえば、就業規則。そして助成金に大きな差が出ます。加えて、法定業務でない労務上の問題をどれだけ解決できる能力があるか。ここまでくると大変貴重な人材なので、見つけたら絶対に手放さないようにしてください。就業規則はすでに解説したので、助成金業務の頼み方について解説をしていきましょう。

助成金は、前述のとおり要件さえ満たせば必ず受給できるお金です。そのため社労士としては売りやすい商品だと言えますし、これを専門的に扱う事務所も多いもの。その中の特徴として、社労士は「助成金業務は、自分の顧問先以外はやりたがらない」という傾向が強くあります。これはどういうことでしょうか。

助成金業務による社労士の報酬は、おおよそ受給額の10％から20％。30％はちょっと多いかなというのが相場感です。着手金を取るところもあれば、顧問先からは着手金を取らないという事務所もあり、おおよそ2割程度の報酬を支払うことになると考えておけば、大きな認識違いは起こりません。

ですから、仮にスポットで助成金業務を請けたとしても、助成金が５００万円振り込まれるのであれば、20％なら１００万円。１０００万円なら２００万円の報酬が入るのですから、スポットで請けても決しておいしくないとは言えないでしょう。

では、なぜ社労士は顧問先からの受託にこだわるのか。

それは、不正受給のリスクがあるからです。

ここ最近、不正受給の数は多く、関与する社労士の責任も強くなってきており（※厚生労働省は、不正受給に際して社労士の連帯責任を求めていたが、コロナ禍による雇用調整助成金活用推進のため、これを２０２０年4月29日に解除。その後の見通しはまだ立っていない）、社労士自身が不正に関与することを恐れているのです。

ただ、これに関しては社労士が日和っているというよりは、真面目にリスクがあるので、理解してあげる点でしょう。一見さんでとても感じの良さそうな会社でも、裏で何をしているかなんて、1度や2度の面談ではとても見抜けません。

そこで、顧問契約をするのならば、通常の経営を見ることもでき、悪質な会社がどうかを見抜くことができる可能性が高まるため、助成金業務の受注は顧問先に限定している社労士が多いのです。


こうした事実を伝えると「でも、いきなり顧問契約って言われても……」と考える経営者は実に多いもの。そして、どうせ顧問契約をするなら、プロの社労士と契約したい。こうも考えます。税理士との顧問契約よろしく、基本的には顧問報酬はコストではなく投資。

顧問報酬以上に助成金が手に入る、あるいは労務問題の解決や組織を伸ばすためのコンサルティングが可能であれば、大きなリターンがあるわけです。

ですから、顧問契約の内容を提案してもらいましょう。あとは税理士の場合と同じ。通常の顧問契約のほか、もし高い報酬を支払ったら、どんなことが可能なのか？　助成金は率先して探してくれるのか、アラートに問題はないのか。

ちなみに、アラート機能を持っている社労士も貴重です（というか、本来は当たり前なんですけど）。助成金は、期限との戦いです。期限までにきちんと要件を満たし、書類をつくって提出すること。締め切りを過ぎた場合の救済措置はまずないと考えてください。

これに似ているのが税理士の経理資料等の提出を促すアラートですが、毎月の経理が多少遅れても、決算で帳尻を合わせればそれほど問題ないので、税理士事務所にもあってよい機能ですが、より助成金業務を取り扱う社労士に強く求められる機能です。

これらも併せて、社労士にプロとしての提案を期待しましょう。労務相談、手続き込みの顧問なんて、当たり前過ぎますからね。あなたの会社に利益をもたらしてくれるプロをなんとしても掴んでおきましょう。

結構この助成金をコンスタントに取れるっていうのは、会社経営にとっては重要ですので、やっぱりもらえるものはきちんともらっておきましょう。

できるだけ経営を知っている社労士が望ましいが……

採用、組織拡大、定着率向上、離職防止などコンサルティングができる社労士は極めて貴重な人材であることは、すでに伝えたかと思います。

社労士もほかの士業と同じく非常に勉強熱心で、この法定外労務分野に詳しい社労士も増えてきていますが、まだまだ知識のみという社労士も多いといえます。それは、やはり経営に対しても理解が乏しいからです。

理想は、経営と組織を知っている社労士。そこまで求めるのはなかなかシビアかもしれませんが、ぜひ妥協せずに探してほしいと思います。

見極めのひとつのポイントとなる質問は、「先生、経営（組織）の中で、なにが一番大切だとお考えですか？」というもの。

もちろん、これに正解はありませんし、様々な回答が出ると思います。この回答の中に、あなたと共感できるものがあれば、感覚が近いということ。

ぜひ、ひとつの目安にしてみてください。

専門業界を持った社労士も強い

あなたの業界に特化した社労士を選ぶ。これもひとつの選択基準です。例えば、飲食店ならアルバイト・パートの採用が中心になり、入れ替わりも激しい。手続きも多くなります。そういった事情を熟知している社労士を顧問に選ぶのもひとつの方法です。

ほかにも、長時間労働の多い運送業界。事故と常に隣り合わせの建設業界。独自の「加算減算」という報酬システムのある介護業界。業界に精通していない社労士を顧問にしてしまうと、すべての説明をしなければならなくなり、またケアレスミスも増えます。ですから、あなたの専門業界に強い社労士も視野に入れるべきです。

ところで、細かい点ですが「専門特化」と「強い」は必ずしもイコールではありません。業界に特化した社労士はいますが、完全にその業界しか顧客にしない社労士もいれば、ある程度まんべんなく様々な業界の顧問先がいるけれど、その中でも○○業界に強い、という完全専門でなくても「強い」という場合がありますので、注意が必要です。

ですから、見極める質問としては、「専門の業界はありますか?」ではなく、「得意とする業界はありますか?」という聞き方の方が、正しく見抜けるといえるでしょう。

退職勧奨に強い社労士は、プロである

さて、ここからはより高度な労務スキルについて解説をしていきます。これはもう社労士の業務というよりは、労務コンサルティングの領域です。ですから、問題解決のために報酬をケチらず、高い報酬で存分に働いてもらいましょう。

まずは退職勧奨。厚生労働省によると、２０２０年８月には解雇や雇い止めが４万人を超えたと発表しました。これは、コロナ禍による業績不振と、それに便乗した経営のスリム化によって引き起こされたリストラも含まれているとみられています。

本書執筆時点が２０２０年８月。しばらくはコロナ融資によって企業は延命していますが、新型コロナウイルス感染症が収束しない限り、いずれ資金は枯渇し、よりリストラは増える傾向にあるといえるでしょう。

さらに、これに加えてコロナ禍で注目、実施されたのがテレワーク。テレワークは、自ら考え仕事を作り出せる人材でないと成立しません。これまでのように顔を合わせてすぐに指示命令ができる環境ではありませんから、人材の能力差が如実に出ます。

そうすると、より不要な人材があぶり出される結果となり、こういった要因も併せて企業の退職勧奨ニーズは高まると見られています。

あなたも経営者であれば、「辞めてもらうこと」の難しさはよくわかるでしょう。労働基準法は、本当に手厚く従業員を守っています。横領等の犯罪や、背信行為とでも呼ぶべき事実がない限り、まず解雇は不可能です。さらに、雇うことが不可能なほどの業績不振による「整理解雇」も要件が厳しく、現実問題としては「いかに穏便に辞めてもらうか」というのは極めて難しい問題なのです。

そこで求められるのが、退職勧奨。簡単に言えば、「辞めてもらう方向で話し合いをする」ということで、解雇ではないけれど、自分の意思で退職の決断をしてもらう……という微妙なニュアンスで表現するもの。この退職勧奨は、ひとつ間違うと解雇と見られ、そうなれば労基署に駆け込まれて問題に……という可能性を秘めているので、慎重に行う必要があります。

退職勧奨は、心理戦です。いかに退職の方が従業員にとってメリットがあるか。そういったアプローチでシナリオをつくる必要があります。弁護士に代理人として交渉してもらう方法もありますが、弁護士が入る＝戦闘開始的な意味合いが強いので、プロ社労士は担当社員が法的にミスがないように退職までのシナリオと台本をつくる、ということを得意としています。

一方で、力のない社労士に退職勧奨の相談をすると、「解雇はできません」「改善指導をしてください」というのみ。これならペッパーくんと話している方がマシ。問題社員がいつまでも在籍することの悪影響を考えれば、できるだけ穏便に早く辞めてもらうための施策を取る。これがプロ社労士の判断だといえます。

ユニオン対応ができる社労士は貴重な人材

今後より増えると言われているのがユニオン対応。労働組合との対応ですね。労働組合というと、大企業のイメージがあるかもしれませんが、最近はひとりでも入れるユニオンが多数存在します。つまり、あなたの会社が仮にとても小さな会社だとしても、ユニオン対応をしなければならない可能性があるわけです。

一般的にこうした組合のことを「ユニオン」と呼び、この対応ができるかどうかもプロ社労士かどうかの見極めポイントです。

ユニオンの担当者は、交渉に長けています。どの場所で交渉するのか、どのような流れで交渉するのか。とにかく徹底的に会社を攻めてきます。ユニオンの交渉を「団体交渉」と一般的に呼びますが、法律上、団体交渉は拒否できないのです。ですから、長期化すれば会社も疲弊しますので、早期解決できる社労士はやはり貴重です。

ユニオン対応では、社労士が矢面に立って代理交渉することは、弁護士法上不可能です。ですから、サポートをするのにも弁護士法にも長けてなければならず、やはり高度です。そして、何よりも度胸が要ります。あなたも一度はテレビ等で、労働組合が会社に押しかける……なんてシーンを見たことがあるかと思います。アレに対応するんです。そりゃ度胸が必要です。

社労士には、どストレートに「ユニオン対応できますか？」と聞いてみてください。まあ、苦い顔をしますから。そこで、自信を持って「得意ですよ」と言える社労士こそ、プロ社労士といえるでしょう。

上場支援ができる社労士も限られている

上場支援ができる社労士も、やはりプロ社労士です。これはできる人とできない人が綺麗に分かれます。とにかく実績のあるところに依頼しなければ、進みません。

これもユニオン対応と同じく聞き方はシンプル。「上場準備に関わる労務管理の実績はおありですか？」で十分。そして、できるだけこれも安い報酬のところは選ばないこと。もしあなたが上場準備をし、上場企業を目指すのであれば、それは一生に一度の賭けみたいなものでしょう。しかも人生を懸けた。

それがたかだか数十万円をケチって上場基準に満たなかったなんてことになれば、本末転倒。高い報酬を堂々と提示し、間違いのない成果を保証してくれる。これは何も上場支援に限ったことではなく、「間違えてほしくない」場合は、高い報酬を提示する事務所を選ぶべきです。

裁判、紛争解決手段を知っているかどうか

これまで例外といってもいいくらいの扱いだった、労使紛争は本当に一般的になりました。インターネットの普及もあり、いまの従業員は本当によく労基法を知っているし、会社と闘うことにも積極的。中には、在籍中に弁護士を通じて社長あてに内容証明郵便を送る猛者もいるとか。すごい世の中になりました。

そうすると、いまの社労士は、紛争解決手段を知っておかなければなりません。労働局によるあっせん、労働審判、労働基準監督署による監査、そして訴訟。

こうした紛争解決手段が存在することを熟知するとともに、「紛争になった場合」のことを想定した労務管理を任せられる社労士を選ぶべきです。

別の言い方をすれば、「証拠づくり」です。これは何も違法に証拠をつくれって話ではありません。いざ、紛争・訴訟になったときに、あるいは労基署から監査が入ったときに、

会社が勝てるようになっているかということです。

紛争・訴訟になれば、資料の提出を求められることになります。その際に、明らかにずさんな管理をしていれば、勝てる訴訟も勝てなくなるもの。ですから、訴訟を前提とした労務管理という考え方を持っている社労士が、プロフェッショナル。そういうことになります。

労務相談を高難度にこなしてもらうためには、やはり「判断」

最終的には、プロ税理士と同じく「判断」を任せられる人。**自分の責任において意見を言える人が、プロフェッショナルです。白、黒、グレーを逃げずにきちんと検討すること。**これも税理士と同じ。選択肢だけ渡すのは、プロとは呼べません。自分の判断でお金をもらえる。そんな社労士を選ぶべきです。

これに加えて、考えられる人。これもだいぶ少数ですが、高難度労務と呼ばれる（これは造語ですが）案件をどれだけ頭を使って解決できるか。これもひとつの指標です。

ひとつの例を挙げましょう。この事例は、実際にあった例でもないし、私の妄想とでも思ってください。ちょっと法律的にギリギリの話なので、あくまでもふわっと。でも、極めて重要です。

例えば、あなたの会社でサービス残業が行われていたとしましょう。従業員数は100名以上。でも、あなたは業績が良くなれば職場環境を良くしたいと考えているし、社員も社長を信頼しているので、率先してサービス残業に取り組んでいる。

もちろん、どうにかして未払い残業は支払いたいという気持ちはあるけれど、いまはそれが不可能。ところが、たった1名の社員が反旗を翻し、あなたに残業代の請求をしてきた。こんなときにあなたの顧問社労士はどんな判断をしてくれるでしょうか。

もちろん、残業代の未払いは違法です。労働の対価として必ず支払わなければなりません。そんなの誰だって知っていること。ただ、実態としてはやむを得ず残業代が支払われていない企業もあるでしょう（意図的に支払っていないのは論外ですが）。

まず、このときにただ「違法ですよ、違法ですよ、支払わなければなりません」一辺倒の社労士は頭が硬過ぎます。もちろん違法なのはわかりますが、支払えないんだからしょうがない。なんとかソフトランディングしていく方法を考えていく社労士が必要なのです。

残業代を請求してきたそのひとり。もうここまで来たら、支払わないわけにはいきません。支払わなければ、労基署に駆け込まれてしまいます。ですから、支払うのは支払うべき。

でも（すみません、ここからはちょっとぼやかして書きます）、どのくらいの金額を……どんな名目で……そして何か誓約をしてもらうのか……みたいなところまで考えられる社労士でないと、会社が倒産してしまうことも考えられるわけです。

端的に別の言い方をすれば、「残業代」として支払ってしまって、それがほかの社員に知られてしまった場合、全員から請求が来たらアウトってことです。このあたりは非常にセンシティブな内容なので、ふわっとさせましたが、経営者のあなたであれば、これがどんな事例なのか。そしてこれを解決できる社労士がどれだけ高度なのか、おわかりいただけますよね。

「人を雇いたいのですが……」と聞いてみよう

最後に、あなたが会った社労士が、どれだけポテンシャルを秘めているか。もっとも簡単にわかる質問をお伝えしておきましょう。この質問に対する回答は、経験者にはその実績値をはかるものでもあり、育てる場合にはセンスをうかがうものでもあります。

その質問は、

「これから人を採用しようと考えているのですが、どんな準備が必要で、どんなことをする必要がありますか？」

というもの。シンプルですが、結構奥が深い質問です。

社会保険や労働保険の話題だけしか出ないようであれば、三流。助成金や就業規則等の話まで出れば二流。採用の方法や育成、コーチング、将来展望、今後についてのヒアリングまで出れば一流です。

ちなみに、超一流は、「なぜ、採用するのですか?」と質問で返します。そもそも採用する必要があるのか、その真意は何なのか、本質を探しにくるからです。

ぜひ、あなたもこれから絶対的に必要である人事労務のパートナー。妥協せずに見つけてみてください。

第5章

弁護士／司法書士の選び方、使い方

弁護士、司法書士は最難関資格。だからこそ、使い方が重要

最初に断言しておきますけど、弁護士、司法書士は超難関試験です。ですから、あーだこーだ言われることもありますが、彼ら彼女らはそもそも優秀なんです。これは間違いありません。司法試験でも司法書士試験でも、一度書店で眺めてみるといいです。

あんな試験の合格を目指そうというのも頭おかしいですし、受かってしまうのももっと頭おかしい(褒め言葉です)。だから、まずはその優秀性を認めることから始まります。普通の人、あんな試験受からないです。

ただ一方で、「社会常識がない」とか「デリカシーがない」みたいなことも言われていて、それも事実なのですが、要はこれだけ優秀な人材なのだから、使わない理由はない。そして、その使い方さえ間違わなければ、あなたに富をもたらしてくれることもあるし、クリティカルな事故や失態を救ってくれるかもしれない。

要はあなたの使い方次第。彼ら彼女らの才能を最大限発揮させせましょう。

司法書士を高度に使うために

では、司法書士の解説から始めましょう。３章、会社設立のところで少し説明をしていますが改めて。司法書士は登記の専門家。まずはこの認識で間違いありません。念のため、司法書士の取り扱い業務も整理しておきますね。

⑴ 商業・不動産登記

いわゆる「登記」ってやつです。会社の設立や変更。不動産の売買や相続に際しての登記。これは経営者のあなたであれば、特に説明することもないと思いますが、登記が司法書士の中心業務となります。ちなみに、外国人が関係する登記のことを「渉外登記」と呼びます。

⑵ 相続・遺言業務

相続業務はほかの士業も取り扱いますが、司法書士も取り扱います。不動産登記が絡む場合には、司法書士は必須です（相続のときの登記は「相続登記」と呼びます）。相続業務を取り扱う中で、司法書士と弁護士は、家庭裁判所への手続きまでできますので（相続放棄とか）、そういう意味でも、相続業務には欠かせない存在といえます。遺言業務も取り扱うことができます。不動産が関係する遺言の場合は、司法書士にも相談した方が良いです。理由は後述。

(3) 成年後見業務

行政書士や弁護士もこの成年後見業務を行います。そういう意味では、成年後見業務も複数士業が受任できる業務です。判断能力が不十分な人について、士業自らが後見人となり、その財産を守ります。このあたりは経営とはちょっと離れているので割愛します。

(4) 債務整理業務

いわゆる「過払い金請求」というヤツです。これで大きく伸びた事務所も多数。最近はこの「過払いバブル」も落ち着いてきましたが、いつのまにか司法書士のひとつの業務となりました。弁護士も多く取り扱っています。

(5) 裁判業務

司法書士は、簡裁訴訟代理関係業務というのですが、要は簡易裁判所が取り扱う範囲（140万円以下）で代理人になれるということなのですが、わかりやすいのは140万円以下の過払い金請求とか、同じく１４０万円以下の敷金返還請求とかですね。簡裁訴訟代理等関係業務の試験を突破した「認定司法書士」だけがこの業務を取り扱えます。司法書士のグレードアップ版と覚えておきましょう。１４０万円以下の争いごとがあったら、弁護士ではなく司法書士で解決できることがあるかも、という認識でも間違いありません。

そのほか、法廷での代理人にはなれませんが、裁判所に提出する書類をつくることができます。ただ、書類だけつくってもらって本人が訴訟の当事者になるというメリットもあまりないので、現実的な活用方法とは言えないというのが、業界全体の認識です。

⑹　そのほか

供託や土地家屋調査士業務なども司法書士の業務なのですが、あまりお目にかかることも活用することも少ないので、まずはこのあたりの認識で十分でしょう。

登記と「高難度業務」

正直言って、登記ができない司法書士はいない。そう考えて問題ありません。前掲の行政書士試験とは違い、司法書士試験そのものが登記業務を知っていないとできないようになっていますし、登記の「出来」という点では、どの司法書士に頼んでも遜色ありません。そのため、通常の登記業務は相場感の報酬額で依頼すれば問題ないといえるでしょう。

では、どのような司法書士が優秀なのかといえば、登記を超えた実務上の業務をどれだけ知っているか。これに尽きます。

別の言い方をすれば、単なる登記業務の依頼なら、あまり深く考えずに依頼しても問題はないということと、高度な会社業務を依頼するなら、それなりの司法書士を選ばなければならない、ということになります。

高度な会社業務といえば、わかりやすいのはスタートアップ企業の成長（発足だけなら設立登記と変わらないので）にかかる法務手続きや、上場支援、M＆Aなどでしょう。このあたりは優秀な司法書士がいることで、事故も問題もなく進めることが可能になります。

例えば、株主総会議事録がつくれても、どのように株主総会を進めればいいかという相談に答えられる司法書士は極めて少ないということです。

ですから、これを見分けるのはとても簡単で、「上場準備にかかる実務の経験はありますか？」で済みます。

ほとんどの司法書士は取り扱ったことがありませんので。ですから、あなたが会社を上場も含めて大きくするときには、優秀な司法書士が必要。そういう認識で問題ありません。

顧問契約を持つ司法書士は優秀である可能性が高い

司法書士は、行政書士と並んで「スポット業務」中心と言われる資格です。ですから、普通に考えると、税理士や社労士と違って、「顧問先」を持つことはまずありえません。行政書士も同じ。

ですから、**もしあなたが出会った司法書士が定期的な報酬が発生している顧問先を持っていたら、優秀な司法書士である可能性は極めて高い**といえます。

なぜ、顧問先を持っていると優秀だといえるのかといえば、スポット業務中心の司法書士に「いつもいてほしい」と思われるほどの提案力、実務能力、企画力などの実力が備わっているからです。ですから、司法書士の見極めに「顧問先があるか」というのは、非常にわかりやすい目安となるでしょう。

それとともに、司法書士の優秀性をはかるには**「顧問契約をお願いするとしたら、どのようなことをやってもらえますか？」**と聞くのが手っ取り早い。ここで大した提案ができなければ、やはりそれまでの人だということになります。

リアルを知っている司法書士は重宝する

前述のとおり、登記でミスる司法書士はまずいません。ですから、どの司法書士に依頼しても、遜色ない登記が仕上がります（というか、単純な登記なら誰がやってもほぼ同じ）。

では、どこに差があるかといえば、実態、それも最新のものを知っている司法書士でしょう。例えば、会社設立ひとつとっても、いまはバーチャルオフィスでは、銀行口座をつくることができない可能性があります。

かつては住所の差で銀行口座がつくれない、なんてことはなかったのですが、オレオレ詐欺等の事件が社会問題化し、銀行としてはできるだけ怪しい口座はつくらない方向になりました。何も知らない司法書士は、バーチャルオフィスでも登記だけはできますから、その後口座ができなくても知らんぷり。そういう意味で、きちんと実態を知っている司法書士に依頼をすべきだといえます。

同様に、税理士の会社設立の項でも解説済みですが、会社設立の際にも、株主構成、決算期、役員構成などのリアルな相談に乗ってくれる司法書士を選ぶべきです。

司法書士も、拡張性を狙え

行政書士の章で解説をしましたが、優秀な司法書士はやはり司法書士業務だけでなく、多方面の知識を持っています。会社設立をする司法書士なら、許認可も知らなければならないし、会社を大きくして採用を拡大していくなら、社会保険や雇用保険のことも当然知らなければならない。

そして、会社をつくりたい起業家が司法書士のもとに集まっているのですから、顧客をきちんとコミュニティ化（リスト化、ニュースレターで顧客化）していれば完璧でしょう。その司法書士の人脈も効果的に活用することが見込めます。やはり、司法書士も拡張性の起業家なのです。

個人事務所と法人事務所の違い、専門性

ここまでをまとめると、登記自体はどの司法書士に依頼しても変わらない。高度な会社法に基づく業務を依頼するなら、司法書士をきちんと選ぶ。そして、できるだけ実務、実態を知っている司法書士を選択すべきだ。というお話でした。これに加えて、顧問契約を

持っている司法書士は優秀である可能性が高いので逃さない。提案力があるということは、行政書士と同じく拡張性の高い司法書士である可能性があります。そのあたりを見逃さないように。

では、実際に依頼する場合には、やはり個人事務所か法人（大規模）かの選択に迫られます。実務能力はあくまで属人的ですので、基本的にはほかの士業の選び方と同じと考えて構いません。個人事務所の方が能力を見抜きやすい。法人は、担当司法書士次第。これは同じセオリーです。

ただ、傾向はあります。あくまで業界内の傾向です。私の意見じゃありません。その前提でお伝えすると、司法書士の大規模法人の場合、一定の業務しかできないことが多いようです（あくまで傾向です）。

例えば、大規模法人の場合、多くの司法書士を抱えています。これは、不動産の決済をする場合に、司法書士が立ち会う必要があるからです。ですから、不動産登記を多数こなす事務所は自然と所属司法書士が多くなります。

そうなると、不動産登記はできるけど、M＆Aとか上場支援とかはちょっと……という事務所が多いようです（あくまで傾向です）。

つまり、大規模法人では、高度な案件が……もちろん、できるところはあるし、優秀な司法書士が所属していることもあります。ですから、「あくまで傾向」です。

基本的には属人的ですので、あなたの目的に応じて司法書士を探せばよいのですが、前述の「渉外登記」だけは専門的に取り扱っている司法書士事務所を選ぶのが良いでしょう。これは司法書士だけでなく、士業全般にいえることでもあるのですが、海外法務は語学の問題だけではなく、取り扱える事務所がかなり限定的です。

法律的な縛りがあるわけではないのですが、経験がモノを言う業務なので、渉外登記だけは専門的な事務所に依頼するのがいいでしょう。

不動産のことで困ったら……

もし、あなたが不動産の売買等で困ったら、司法書士に相談するのもひとつの方法です。あなたが不動産の売買をする場合、その多くの相談先は不動産会社でしょう。不動産という大きな買い物、売り物に関しては、どんなに明確な説明があったとしても、不安なものです。

そんなとき、不動産の法律の専門家として司法書士を頼るのもひとつの選択肢。大きな売買で損をすることだけは避けたい。そういうあなたの頼れるパートナーになってくれるはずです。

最強の資格「弁護士」

では、ここからは弁護士。「できるだけ、弁護士とは無縁な方が幸せ」なんてことを言う人もいますが、そんなことはありません。弁護士＝裁判、紛争のイメージはどうしてもありますが、それももはや古いイメージ。いまの弁護士はもっと経済活動的です。まずは、弁護士の業務領域を再確認しておきましょう。

(1) 裁判業務

民事事件、刑事事件ともに裁判の代理人として業務に携わることができます。これは言うまでもないですよね。弁護士＝裁判の認識に間違いはありません。

(2) 交渉業務

これが他士業との大きな違いのひとつでしょう。あなたの代理人として相手方と交渉できるのは弁護士だけです。ほかの士業が法律で認められている以外の代理人行為を行った場合、「非弁」として罰せられます。

⑶ その他の法律実務

基本的には、何でもできると考えて問題ないです。万能かつ最強の資格。それが「弁護士」になります。細かいことを言うと、弁護士は弁護士の資格のまま、司法書士の登記業務も、税理士や弁理士、行政書士、社労士の仕事もできます。試験に合格していなくても、です。そして、もちろん登録することもできます。

弁護士として税務を行ってもいいし、改めて弁護士の資格をもって、税理士登録をした上で税務を行うこともできます。このように、わざわざ他士業の登録をしなくても実務を行えるのですが、例えばワンストップサービスを目指す弁護士は、あえて他士業の登録を行い税務やその他の資格の業務ができるという証明のため、登録をすることが多いようです。

言い換えると、弁護士が税理士や社労士の資格を登録していたとしても、その実務まで精通しているとは言い切れない、ということになるでしょう。

法律に関しては、やはり「最強」だが……

弁護士の人柄的なことはあとで触れるとして、まず認識として改めて断言しておきたいのが、前述のとおり弁護士になる人は、やはり優秀です。あんな試験、よう通るわと思います。法科大学院制度ができ、多少は合格しやすくなったとはいえるのでしょうけど、それにしても、まあまず普通の人は受かりません。

そういう意味では、法律知識に精通している人材であることだけは、断言できます。なんだかんだありますが、やはり法律については優秀なのです。

ですから、法律的な知識のない弁護士はいない。その前提に立てば、どのような弁護士をどのように活用するかという上段の選択基準が必要になってきます。まずはあなたも気になっているでしょう、弁護士の「社会性」「性格」等についてです。

「弁護士は、頭は良いのかもしれないが、社会常識がない」
「ホスピタリティのある弁護士には、なかなか出会えない」
「デリカシーのない弁護士も多い」

など、弁護士にはこういったイメージがあります。

私も過去、依頼人をある弁護士に紹介したとき、とんでもない弁護士を紹介してしまったことがあります。依頼人は20代の女性。社内で既婚者である上司と不倫してしまい、それが奥さんにバレた。奥さんから慰謝料の請求をされている……というような案件です。

行政書士としての私のところに相談が来たのですが、交渉なしには解決できない案件だったので、知り合いの弁護士を紹介。出てきたのは30代の男性弁護士でした。その弁護士に事情を話したところ、出てきたのがこの一言。

「お嬢ちゃん、やっちゃいましたなぁ」

……ですよ。信じられねー。不倫なんだから、社会的に良くないことをしたのは本人だってわかっているっての。でも、大変な状況になっちゃったんだから、わざわざこうして弁護士のところに相談しにきたわけ。20代の女性なんだから、そこまで貯金もあるわけじゃないし、相談料だってドキドキしながら支払っているの。そんな依頼人にかける最初の一言がこれかよ……紹介した私の身にもなれよって話。

この依頼人からは、「なんであんな弁護士を！」と言われてしまいましたが、仕事はきっちりやってくれたので、とりあえずはうまくまとまりましたが……そこそこ名前が通っている弁護士でもこの有り様ですから、やっぱり弁護士の「社会常識のなさ」「人間性の欠如（そこまで言っていいのかな）」などは、ある程度事実だと言えます。

もちろん、中には素晴らしい人格者の弁護士もいるし、社会正義に燃えている人もいる。経営者として優秀な弁護士もいるし、弁護士の全部がこういった人ばかりではありません。ですが、事実としてそういう人は存在するわけで、そこは依頼する側として、できるだけまともな弁護士に依頼したいと考えるのは、当たり前のことでしょう。

では、なぜ弁護士にそうした社会性のなさが生まれてしまうかといえば、やはり弁護士の「なり方」がひとつの要因です。これは教師と呼ばれる人たちも似ています。要は、社会人経験を積まず、勉強を経て仕事に携わるからです。

社会に触れずに自分の城を持つ。言い換えれば、社会に揉まれた経験がないまま、人を「指導する」立場になってしまうことに原因があります。弁護士事務所に勤務しての社会経験も、ある種社会経験の乏しい人が指導するわけで……あとは言うまでもありませんよね。

このあたりの制度や仕組みについて、私から何か議論をふっかけようとかそういうことはありません。逆に言えば、それだけ勉強に時間を割いてきたからこそ、弁護士としての実力があるわけなので、本書ではあくまで見抜き方を解説するに留めます。社会性のある弁護士を見抜くのは簡単。

それは、「就業経験はありますか？」もしくは「前職はどのような仕事をしていましたか？」などと働いた経験を聞く方法です。

これは、本書執筆にあたって弁護士に取材した結果ですが、おそらく弁護士の半分以上は、働いた経験（弁護士事務所を除く）がないのではないかと思います。だから、社会性が欠けている、と指摘されてしまうわけです。そのため、「普通の仕事」をしたことのある弁護士は、常識人である可能性が高いといえます。

ただし、家庭教師のような自分が有利な立場での就業経験は、あまりプラス要素となる経験ではありません。きちんと上司がいて、接客経験などがあって、普通に怒られて、落ち込んで立ち直ってという経験がある弁護士であれば、常識度は高い。そう考えていいでしょう。なので、弁護士と話をしてみて「おや？」と感じたら、就業経験を聞いてみるのもいいかもしれません。

ちなみに、前掲の菰田泰隆弁護士は、ロッテリアで普通にアルバイトしていたそうです。普通にアルバイトで時給もらって、怒られて接客して。いまのプロ振りからは想像できませんけどね。

司法制度改革で、弁護士は増えるには増えたが……

日本は弁護士の数が圧倒的に足りないと言われてきました。しかも、弁護士になったその多くが都会志向のため、田舎にいくと弁護士が存在しない市町村もありました（弁護士がいない地域は、「弁護士過疎地域」と呼ばれていましたが、これは２００８年に解消しています）。

そのため、弁護士人口を増やすべく行われたのが司法制度改革です。これによって法科大学院が設立され、弁護士の数は増えました。２０００年頃には1万５０００人程度だった弁護士も、２０１７年には4万人を超えるほどに。

これによって、また別の問題というか、弁護士選定に新しい基準が生まれてしまいました。それが、弁護士のサラリーマン化です。

弁護士の独立の仕方は様々です。司法試験を経て弁護士資格を得ると、司法修習という研修を受けなければなりません。その研修を経て弁護士になるのですが、多くの場合まずは弁護士事務所に就職します。いわゆる「イソ弁」というやつです（居候弁護士）。

これに対していきなり独立する弁護士やその事実を「即独」と呼びます（即、独立）。独立したけど、事務所は先輩の事務所の一角を借りている弁護士を「軒弁」と呼んだり（軒先の弁護士）、なんだかこういった名称をつけるのが好きな業界のようです（事務所を持たない弁護士は、ケータイ弁護士と呼ぶんだとか）。

とまあ、ここまでは業界的なマメ知識。何が言いたいかというと、弁護士が増えてしまったので、当然就職する弁護士も増える。勤務する弁護士というのが普通になるので、全般的に弁護士が単なるいち職業として、サラリーマン化してしまっていると、業界では言われています。上司もいますしね。

もちろん、このあたりはやはり仕事もマインドも属人的なものです。ですから、業界全体がサラリーマン化していたとしても、あなたが出会う弁護士に問題がなければそれでいいのですが、選択の前提として、このような状況を知っておいた方がいいと考えて、解説を加えておきました。

つまり、ほかの業界でもいますよね？　独立はしているけれど、サラリーマン根性が抜けない起業家って。昔は弁護士で独立するっていうのは、まさに一国一城の主になるという感じで気概の塊みたいなもんでしたが、そうでもない弁護士もいるということで、片隅にでも覚えておいてください。

弁護士になるプロセスと、「ヤメ検」「ヤメ判」

これも解説済みですが、弁護士になるプロセスによって、現在の実力をはかることはできません。現在、弁護士になるには、⑴司法試験予備試験に合格する、⑵法科大学院に入学する、このいずれかを経て司法試験に合格する。この２つの方法があります。

世の中には予備試験を受けた方が実力があるとか、法科大学院は受かりやすいとかいろんな意見がありますが、結局のところ難関試験に受かるわけで素地は十分。そして、実力はどちらのプロセスを経ようが実力者を選ぶだけなので、正直どうでもいい話。というのは、すでに伝えたとおりです。

その中で、弁護士特有の選択基準があります。それが、「ヤメ検」と「ヤメ判」です。

司法試験合格後、ほとんどの人が弁護士を目指します。司法試験合格者には、弁護士のほか検察官、裁判官の道もあり、当然それらの道を目指す人もいるわけです。検察官、裁判官ともに弁護士になる資格を有しており、検察官を辞めて弁護士になる人のことを「ヤメ検」。同じく裁判官を辞めて弁護士になる人のことを「ヤメ判」と呼びます。ここにちょっとした違いがあります。

いずれにせよ、あなたの目的次第で弁護士は自由に選べるわけですから、ここではそういった傾向があるんだ、くらいの感じで読み進めていただければと思います。

まず「ヤメ検」弁護士の特徴です。基本的には刑事事件を取り扱ってきているので、刑事事件に強いのは言うまでもなく、コミュニケーション能力も高めです。コミュ障では、刑事事件は対応できない、といったところでしょうか。そして、コンプライアンス対応、危機対応、不祥事対応には圧倒的に強い弁護士だといえるでしょう。

ですから、あなたの業界がクレームの多い業界の場合には、最適な顧問弁護士になってくれるはずです。同じく、ないに越したことはありませんが、不祥事を起こしてニュースになってしまったような場合も（最近はネットニュースだと小さな事件も記事になります）、やはり「ヤメ検」弁護士が重宝します。

これに対して、「ヤメ判」弁護士の特徴。とにかく裁判例を数多く扱ってきているわけですから、事例の豊富さではまず勝てません。

あなたの会社が紛争の多い業界で、しかもマニアックな案件が多い場合には「ヤメ判」をあえて選ぶのもありですが、なかなかそこまで紛争ばかりの経営ということでもないでしょうから、基本的にはそんな強みがあるんだ、くらいの認識でＯＫです。

もし、あなたが選ぶ弁護士のキャリアが「ヤメ判」または「ヤメ検」ならば、こういった特徴があると覚えておくといいでしょう。

裁判で絶対に勝てる弁護士は、いない

さて、ここからはより具体的な弁護士の選び方。弁護士に依頼するタイミングとしては、大きく分けて**「トラブル解決」と「顧問弁護士」の2つに分かれます。**

なにか問題が起きたから弁護士に依頼する。そして、常に法律実務の依頼あるいは相談があるから顧問として契約する。ここではこの２つの側面から良い弁護士選びについて解説していきます。

その前提となるのが、まず「裁判」というものの認識についてです。細かい話から入ると、弁護士は広告やその他の表現に関して規制があります。といっても弁護士会内のもので、法的な強制力があるかといえば、そこまでのものではないのですが、この規制を守らなければ、当然弁護士会内で問題視されて、最後は懲戒……まで待っていることもあるの

で、よく守られています。

その中で、ひとつの禁止事項に「絶対裁判に勝てます」のような表現があり、これが事実上禁止されているのです。つまり、「うちは強いよ。勝てちゃうよ」みたいなことは言えないです。と、普通の業界なら「業界特有の禁止事項」みたいな暗黙の了解的な話で終わるのですが、弁護士の場合はそうでもありません。これは、「言えない規制」でもあり、「言えない事実」でもあるのです。

理由は簡単、弁護士によって裁判の結果が変わることは、ほとんどないからです。ドラマやゲームの中に出てくるいわゆる「法廷もの」は「異議あり！」とか言って大逆転……みたいな展開もありますが、そこはやはりファンタジーの世界。現実とはちょっと違うのです。

もちろん、中にはそれに近い弁護士もいるのかもしれませんが、「この弁護士に頼めば勝てる」みたいなことは、ほとんどないと考えてください。

法廷で行われる審理は法律論です。よほどのことがなければ、通常考えられる法律論によって、審理が進み、判決が下されます。そこには、弁護士個人の力量の前に、確固たる法律論があるのです。

ですから、もしかしたら成歩堂龍ノ介（ゲーム「大逆転裁判」シリーズの主人公）のような弁護士もいるのかもしれませんが、現実的には弁護士の選別によって、判決が変わるというのは、あまりないと考えてよいでしょう。そのくらい、法律論というのはある種の絶対性があります。

まあ、勝てない裁判でも、「最後まで頑張りましょう！」という人もいれば、「まあ、勝てないすよ……」という弁護士もいるわけで、その案件に臨むメンタリティは、弁護士それぞれという差はありますけれど。

では、どの弁護士に頼んでも、まったく結果は変わらないの？　といえば、そうでもありません。弁護士を選ぶ最大のポイントは、「交渉力」と「和解力」です。

交渉力と和解力が、弁護士の差

紛争案件の内容が何であれ、基本的には紛争ですから、相手方がいます。つまり、交渉することが前提です。場合によっては最初から交渉の余地なしとして、いきなり訴訟を起こす場合もありますが、多くの場合、まずは交渉から入ります。そのため、交渉力の高さが1つ目のポイントです。

交渉力の高さは、その実績数ではかります。机上の空論だけでは、交渉力は高まりません。そのため、その弁護士がどれだけ代理人として交渉をしてきた経験があるのか。これを聞き出す必要があります。言うまでもなく、経験値が高い弁護士が基本的には優れています。ただし、これもただ経験数が多いだけでは、やはり足りません。

弁護士は、その職業の崇高さから聖職のように言われることがあります。そのため、社会正義感が強い弁護士も多く存在し、正攻法でしか攻めないいわゆる「正義の弁護士」も存在するわけです。

もちろん、公害訴訟とか社会的意義の強い訴訟には、そういう弁護士も必要ですが、私たち経営者にとっては、正義よりもまずは自分たちの利益を守ってくれる弁護士でないと困るわけです。そこで求められるのが、「ずる賢さ」です。

例えば、相手にとってどれだけ痛いところをつけるか。ゴネ得できるか。長期的に揺さぶれるか。どのような手段で連絡すれば、心象的に効果的か。離婚問題で、不貞行為をした方の配偶者から依頼があり、離婚を希望していたとしても、法律的には「有責配偶者」としてその権利は認められません。

しかし、それを鵜呑みにして「不可能」というのではなく、何か相手の弱みにつけ込むことはできないか。意思が変わる手段はないかと考え、提案できる人。サッカーでいえば、相手のユニフォームを引っ張れる人。もちろんサッカーでユニフォームを引っ張るのは反則です。

しかし、まったく許されていないかというとそうでもないわけで、そのあたりのことを考えられる、そういう交渉に強い人を弁護士として選任すべきなのです。

ですから、**まずは「交渉が得意かどうか」。これを必ず聞き、「これまでの交渉で、正攻法でなくても成功した例はあるか」などを確認するといいでしょう。**弁護士の法律レベルに遜色はありません。ですから、まずはこの交渉力があるかどうか。あなたが納得いくまで弁護士と確認するのが良いでしょう。

そして、併せて重要なのが、「和解力」となります。

常に落としどころを考えている弁護士は優秀

弁護士の見極め方のひとつが交渉力。もうひとつが「和解力」です。まあ、これは私がつくった言葉なので、弁護士業界にはない言葉ですが、要は「判決以外の解決（和解）方法をどれだけ考えているか」が、優秀な弁護士を見抜くもうひとつのポイントになります。

最終的に、どこを落としどころにするか。例えば、あなたが商標権を侵害されたとしたら、どこを落としどころにするのか。内容証明郵便で、侵害している企業に警告をし、それでも使用を止めない場合、訴訟を起こすのか。

普通に考えれば、商標の使用差止めと損害賠償請求訴訟を起こします。しかし、侵害されていたとして、それが本当に自社の利益を奪われるほど影響力のある会社なのか。損害賠償請求するほどの損害が出ているのか。例えば、こういった例で、影響が少ないのであれば、「放置」というのもひとつの落としどころです。

これは、弁護士に限った話ではなく、社労士の取り扱う労務問題などにも同じことが言えます。問題の落としどころをどこに設定するのか。これを考え、提案できる弁護士が優秀な弁護士と言えるわけです。

これは、相談した際に聞けばわかることです。「先生は、この案件の落としどころはどこにあると思いますか？」と。もちろん、あなたの意見もあるでしょう。先ほどの例でいえば、商標権の侵害状況を解決したいのか、納得がいかないからとにかく損害賠償請求したいとか。言い方を替えれば、あなたの言いなりだけの弁護士には、価値がないということ。

案件の全体を俯瞰して捉え、あなたにとってベストな落としどころを提案してくれる。これは、税理士でも社労士でもまったく同じ。あなたにとって最適な落としどころを弁護士自身が考え、提案してくれる。

別の言い方をすれば、解決手段をできるだけ裁判に頼らない弁護士。こういった弁護士を選択することが、あなたの問題解決に力を貸してくれるということになります。

まとめると、良い弁護士、つまり問題解決を実現してくれる弁護士とは、法律的な知識や能力だけではなく、高い交渉力があること。そして、落としどころを常に考えられる思考力の持ち主、ということになります。

顧問弁護士を置くメリットと活用法

おそらく、本書の読者で常に顧問弁護士を置いている経営者は少数派でしょう。それが普通です。一般的に、「弁護士に常に相談する必要がない」「ランニングコストになる」というような理由から、弁護士とわざわざ顧問契約までする必要はなく、「何かあったとき」に依頼すれば十分。これはそのとおりです。だから、無理して弁護士と顧問契約を結ぶことはありません。

しかし、これは消極的な視点での結論といえます。「法律的な問題が起きたから」依頼するというスタンスだからこそ、こういう結論になるわけで、弁護士と積極的に顧問契約をすることで生まれるメリットもある、ということで解説しておきましょう。

⑴ 顧問弁護士の表示

あなたのウェブサイト等に顧問弁護士表記ができます。これだけでどうでも良いクレームを防ぐことが可能です。わざわざ弁護士のいる企業に無駄なクレームなんてしませんから、一定数防げます。そして、ＢtoＣだけでなくＢtoＢ上の取り引きも、弁護士の存在を伝えることで、「最低限、まとまった話ができる」という印象を与えられます。

あとは、弁護士との顧問契約があるってことは、それなりに余裕がある会社と見せることもできます。要はブランディングの一種ですね。

(2) 弁護士を探す手間を省いている

「法律的な問題が起きたから」、弁護士を探すわけですが、この探すというのが結構大変なんです。火急に対応しなければならない問題が勃発し、いつまでたっても弁護士が見つからない。その間に問題が悪化するというのはよくあることです。

ですから、顧問料を支払いながら、弁護士をいつもそばに置いておくということには、結構重要な意味があります。

さらに、顧問弁護士に依頼するのと、スポットで弁護士に依頼することの大きな違いは、顧問弁護士なら改めて会社のことを説明する手間が省けているという点です。スポットで依頼する場合は、経営のことから問題の詳細まで、すべて伝える必要があります。そういう意味でも、自社のことを熟知している弁護士がいるというのは重宝するものです。

「でも、それだけのために高い顧問料を支払うのは……?」という意見もあると思いますが、これは別途解説します。高額な顧問料は不要です。

(3) 社内統治や福利厚生に有効

それが問題であれ、単なる説明であれ、社員に何か法的な説明をしなければならないとき、「弁護士の話によると」というと、あっさり受け入れられるケースが多いです。社労士でも似たような効果が見込めますが、弁護士だとなお効果的。労務問題にはデリケートなものもあるので、社員を納得させるために弁護士の地位を借りるとでもいいましょうか。有効な手段です。

一方で、社内の福利厚生にも使えます。社員が弁護士に相談できるようにしてあげればよいのです。相続だとか遺言とか借金問題とか、社員個人が抱えている法律問題も潜在的にあるもの。

そこで、秘密を保持した上で相談できるよ、なんて制度があれば、社員の離職防止にも一役買ってもらえるかもしれません。実際、弊社の社員は顧問弁護士に相談できますし、してます。相談料は会社持ちなので、その点は有難がってもらえているようです。

(4) 顧問先の活用

弁護士事務所の顧問先や人脈を活用することもひとつの有効手段です。取り引き先や見込み客、アライアンス先の紹介なども可能です（弁護士の顧問数や人脈にもよりますが）。例えば、１００社の顧問先があれば、１００社の取り引き先が増えると考えるとわかりやすいでしょう。

この点では、税理士も社労士も同じです。マーケティング的にドライな言い方をすれば、士業の持っているリストを有効活用する。そんな視点です。

(5) スケープゴートとしての利用

(3)の社内統治に少し近いですが、弁護士を悪者（すみません）にして、ものごとを進めることができるようになります。社内的には、「おれはもっと良くしてあげたいんだけど、弁護士がさぁ……」とか（嘘はいけません）。

商取引でも、「うちとしては取り引きを続けたいんだけど、どうしても弁護士がさぁ……」など（やはり嘘はいけません）、弁護士は圧倒的な地位と発言力を持っているので、都合が悪いときには弁護士をスケープゴートとして使うこともできます。このとき、顧問弁護士でないと説得力が弱まるので、顧問契約は必須でしょうね。

顧問料の相場は月3万〜5万円だが……

世の中は多様化していると言われています。社労士の章で述べたとおり、細かな問題は今後増えていきます。そのため、顧問弁護士に相談するという機会も増えるでしょう。とはいえ、弁護士の顧問料の相場はおおよそ安くても月３万円。

一般的には月5万円くらいが相場。年間60万円も支払って、相談ゼロだった……というのは避けたいですよね。そこでお勧めなのが、相談し放題でない顧問契約をすることです。例えば、月5万円の顧問料であれば、間違いなく相談し放題です。電話でもメールでもチャットでも……まあ、弁護士がチャットを使えるようになったのには隔世の感がありますが、ともかく相談し放題。

でも、私たちにはそんなサブスクリプションは不要なわけで、**必要に応じて相談料を支払うというのがベスト**。それなら、メリットをすべて享受した上で、都度相談料を支払うシステムを選べばいいのです。

これは実際にそういうシステムで顧問契約をしている事務所があります。それも月額1万円を切る金額で。比較的大規模な事務所に多いようですが、士業の選択は基本的には属人的。

あなたが気に入った弁護士を見つけたのであれば、その弁護士に交渉してみるのが良いでしょう。月数千円でメリットを享受できて、相談料は都度チャージ。これが理想的な弁護士との関わり合い方なのです。

ところで、定額顧問料で相談し放題。低額顧問料で都度相談料チャージ。これ以外の顧問料システムを敷いている弁護士事務所もあります。それが、何度も紹介している弁護士法人菰田総合法律事務所。業界的にはなんとも珍しい、フレックスシステムというものです。

どういうものかというと、月額顧問料は1万円からあり、5万円、10万円といくつかの価格帯を選ぶことができます。その金額に応じて、相談できる時間が決まっている。

1万円なら月30分までは顧問料以内。超過分は別途請求。そして、このシステムの最大のメリットは、「使用しなかった相談料が、翌月に繰り越される」ということです（わかりやすくするため、「相談料」と表記していますが、実際は動いてもらった分の時間が消化されます）。

ですから、相談がなければ時間は加算される。ある月は3時間チャージしたとしても、それまでに使用した分がなければ、加算された時間と相殺。そういうシステムです。一定数、法律相談がある会社であれば、こういったシステムを採用している弁護士事務所を選ぶのもいいのではないでしょうか。

おまけ。なんでも頼んでみよう

弁護士は、基本的に法律実務なら何でもできます。事務所によっては、隣接する仕事を、仮に弁護士の業務でなくても請け負ってくれることがあります。

例えば、離婚問題。離婚は無事に成功しても、小さな子どもがいたら、両親のいずれかが必ず親権を取り、監護しなければなりません。その場合、親権を有さなかった方には子どもと会う「面会権」というものがあります。

まあ、よくある話のひとつですが、離婚したあとも子どものために、月１回は面会するというのは、あなたも聞いたことがあるでしょう。

円満離婚であれば、月１回、両親ともども面会するということも可能でしょうけど、離婚するくらいですから、二度と会いたくない間柄の人たちもいるはず。そういうときは、弁護士にその役割をお願いしてみましょう。

子どもを弁護士に預ける。その間、一方の親が面会する。時間がくれば、その親は帰る。いわゆる世間に存在する「面会交流第三者機関」の役割をタイムチャージで担ってもらうのです。

こうした業務を弁護士事務所が必ず受けてくれるかどうかは、その事務所次第ですが、頼んでみることはできますので、融通の利く事務所かどうか、確かめてみるのもありだといえるでしょう。

徹底的にプライドをくすぐれ

以上、司法書士と弁護士の解説でした。繰り返しになりますが、彼ら彼女らは非常に優秀です。超難関試験を突破してますから。そういった頭脳をこちらから使ってあげるのです。提案させましょう。考えてもらいましょう。

彼ら彼女らを「待ち」のスタンスにしてはダメです。積極的な姿勢を取ってもらう。これがコツ。そのためにも、プライドをとことんくすぐりましょう。労いましょう。

「先生なら、できますよね？」

「先生にお願いして良かったです」

もちろん、本心からの言葉でないと意味がありませんが、士業が本気になったときの底力ったら、それはすごいものがありますから。

第6章

その他の士業／関連コンサルタントの選び方、使い方

その他の士業／関連コンサルタントについて

「その他の士業」という書き方ですでに怒られそうですが、前章までに紹介しきれなかった資格ということで、価値が低いということではないことだけ、ご了承ください。紹介する順番にも他意はないです、悪しからず。まずは士業。そして無資格の関連コンサルタントについて解説していきます。

(1) 弁理士

特許、商標などの知的財産権のスペシャリスト。相談から出願まで依頼することができます。誰にもサービス名を使われたくないから商標登録しようとか、サービス名をパクられた！　などの商標権侵害などが小さな会社だと遭遇する機会です。弁理士についてはもう少し詳しい解説をあとで加えます。

(2) 土地家屋調査士／測量士

土地家屋調査士の仕事は、不動産の表示登記申請代理などが主な仕事。そのための調査や測量を行います。「土地」の表示と調査・測量の専門家。これに対して測量士は、土木測量が主な業務。土地家屋調査士は登記ができるのに対し、測量士は登記ができません。一般的には司法書士とのダブルライセンスや提携していることが多く、経営者が何か仕事を依頼するかといえば、あまり縁のない士業だといえます。

(3) 海事代理士

船の登記の専門家ですね。船って登記しなければならないんです。登記なので、司法書士がダブルライセンスとして取得していることもあれば、行政書士が持っていることも。

(4) 中小企業診断士

経営コンサルタント、唯一の国家資格。経営コンサルタントを名乗る人が持っていることがありますが、実態としては中小企業診断士そのものの資格で食べている人はあまり存在していません。診断士についても、少し解説を加えます。

ほかにも、「技術士」や「一級建築士」、「不動産鑑定士」などの「士」がつく専門家もいますが、すべて紹介することはできないので、本書ではあくまで法律系の士業の解説にとどめておきますね。

弁理士の選び方

小さな会社が弁理士を頼る場合というのは、前掲のとおりそのほとんどが商標関連でしょう。それから業務としては、さほど多くはないですが、より需要が見込まれるのが著作権侵害。ネット時代になって、テキストのコピペ問題や写真の無断使用など、知的財産権に関わる問題は本当に増えました。そういう著作権関連も弁理士に相談することが可能です。

ほかにも、弁理士に依頼できる仕事としては、代表的なものに特許申請。そして、あまり触れる機会がないのが実用新案と意匠です。実用新案というのは、発明やアイディアを保護するというもの。意匠はデザインの保護になります。

このあたりは個別具体的な検討が必要になりますので、もしあなたのビジネスに関連があると考えた場合、普通に弁理士に相談するのが良いでしょう。

さて、良い弁理士の選び方ですが、これは簡単です。

おそらく、あなたが依頼する場合は商標の申請になると思いますが（ほかのケースでも同じとお考えください）、まずこれらの権利のほとんどが「先願主義」。つまり、早く出した人に権利が与えられることになります。

ですから、まずは即レス対応ができる弁理士が最低条件です。これが大前提。

そして、もっとも重要なのは、商標を出願したのなら、その登録可能性を数字で出せる弁理士。これが実力をもっとも簡単に見極める方法になります。

商標は申請したからといって、必ず登録されるものではありません。先に似たような商標があれば、それを理由に拒絶される可能性がありますし、そもそも商標の要件を満たさない場合もあります。

登録商標を調査し、登録可能性がどのくらいなのかを伝えられる。一見、当たり前のように見えますが、なかなか専門家としては数字まで出せないもの。それは、やはり数字を出すことで責任を負う可能性が出てくるからといえます。

例えば、専門家から見てどんなに登録可能性が高いと思われても、相手は行政なわけですから、稀にとんでもない理由で拒絶されてしまうこともあるわけです。そこで、登録可能性は90％と言っておきながら、拒絶されてしまったら……と考えると普通はなかなか数字として表現できません。

そんな中、商標登録の可能性を数字で提案してくれるのが、ネオフライト国際商標特許事務所の宮川壮輔弁理士です。彼はプロの視点から、登録可能性を数字で提案します。

登録可能性が低い場合も、10、20％と数字を出す。「とりあえず出してみましょう」みたいな手数料だけもらっちゃおうなんて姿勢は微塵もありません。プロとしてなんとも言えなければ、50％。いける可能性が高ければ、70％、80％の数字を出してきます。

これは言うまでもなく自信の表れです。こうした数値で提案できる弁理士なら、まず間違いがないでしょう。

弁理士は、アイディアとヒット事例の宝庫

弁理士の業務は、前掲のとおり知的財産権にかかわる業務。でも、彼ら彼女らが持っているのは、そんな知的財産権の知識だけではありません。「特許」「商標」「意匠」「実用新案」という仕事をしている以上、企業のアイディアやヒット事例、ネーミングなどの宝の山を持っているのです。

弁理士自体が創造性に優れている場合ももちろんあり、そういう意味では企画会議等のアドバイザーとしても重用することが可能です。もちろん、不勉強な弁理士では頼りになりませんが、スポットでの相談など、豊富な事例をもとにアドバイスしてくれる弁理士もいるので、そのような対応が可能か、聞いてみましょう。

自信を持って「できる」と回答する弁理士がいれば、それは正解。普通は、ビジネスアイディアのアドバイスなんて不可能。経営、ビジネスモデル、そしてアイディア・企画と

精通していないと不可能なアドバイスなので、そのあたりの力量をはかってみましょう。

登録されてもブランド、登録されなくてもブランド

あなたも一度は、「®」や「™」のマークは見たことがあるかと思います。「®」は「Registered Trademark」（登録商標の意味）を示しており、商標登録がされたことを示すマーク。「™」は「Registered Trademark」から「Registered」（登録）を除いたもので、「これから商標登録する」または「業務で使用している」ことを指すことが多く、商標登録されているとは限りません。

ちなみに、「©」はコピーライト。つまり著作権を示し、「ＳＭ」は「Service Mark」の略で、サービスについての商標を表します。ＳＭも商標登録されているかどうかに関係なく、付けることは自由です。

つまり、別の言い方をすると「™」、「ＳＭ」はいつでも付けられます。一方で、世間的には「商標登録されているのかな……？」という認識を与えることができるので、あなたもいますぐに使用することが可能です。「®」だけは、登録商標にしか使えませんので、注意が必要です。

また、別のブランディングとして、商標を出願して「商標出願中」と表示することも問

題ありません。この「出願中」というのは、商標の制度を知ってしまえば、ただの申請中ということなのですが、やはり「何か優れた技術でも申請しているのか」的なイメージになるので、ブランディングに使える、ということです（騙しはいけませんが、使える、ということで）。

商標出願の本質的な狙いは、防御です。競合他社に使えないように、権利を守ることにあります。ところが、中小企業の場合は自社と似ているサービスがどこにあってどのように展開されているかなど、調べようがありません。

ですから、最低限、自分たちの権利を守るという意味で出願することが多く、商標登録そのものに経営的な影響は出ないといえます。しかしながら、このようなブランディング的活用もできるので、自分には関係ないと思わず、弁理士をアイディアパートナーに選ぶというのも、ひとつの良き選択だと言えるでしょう。

診断士の資格の有無に、意味はない

本書をここまでお読みのあなたには、もう解説の必要もないと思いますが、念のため診断士について。中小企業診断士は、経営コンサルタントとしての唯一の国家資格です。しかしながら、いわゆる独占業務がなく、診断士でないとできない仕事はありません。

ですから、診断士を持っているということは、一定の知識があるという証明にはなりますが、コンサルタントとしての実力の証明には1ミリもなりません。

つまり、結局のところ診断士の資格の有無に意味などはあまりなく、実力がある人を選ぶのみ。逆の言い方をすれば、診断士を持っているから、経営コンサルティングができるというわけではないということです。

少なくとも自分の会社が儲かっているくらいの診断士でないと依頼する意味がありません。経営コンサルタントの資格なのに、自分が稼げない診断士って多いですからね……。

無資格コンサルタントで活用したい「資金調達」「補助金」コンサルタント

さて、ここからは法律系資格の隣接業務とでも呼ぶ業務を取り扱うコンサルタントについて。それが、資金調達のコンサルタントと補助金のコンサルタントです。別の側面から見れば、法律的な業務であるのですが、資格を必要としないコンサルタント。あなたの会社を豊かにするには、絶対的に登用したいコンサルタント２種です。具体的に見ていきましょう。

資金調達は税理士も相談に乗ってくれるが……

税理士の章でも解説しましたが、税理士ももちろん資金調達の相談に乗ってくれます。しかし、あくまで本業は税務。積極的な資金調達アドバイザーとして関わってくれる税理士は少数派。もちろん、税理士がその役割を担ってくれるのであれば、それに越したことはありませんが、**税理士が資金調達に消極的な場合は、積極的に別のコンサルタントと契約すべき**です。

本書はプロ士業の選び方なので、経営論についてはあまり論じませんが、結局のところコロナ禍で痛感したとおり、現金が最大の経営資源です。お金があれば倒産しない。お金があれば、事業は継続できるし、雇用も維持できる。やはりお金は最重要事項なのです。

これは、自己資金でも借入金でもあまり変わりありません。とにかくお金があることが困る、という経営者はいないでしょう。ですから、積極的に借りにいくことが重要だと私は考えています。

そこで、資金調達コンサルタントの登用をお勧めしたいわけです。無資格の場合、資格を担保にコンサルタントの優劣を判断することはできませんから、あくまで実績を見ます。どれだけのクライアントがいるのか、資金調達の具体的な調達実績はいくらなのか。そういったことを聞いて判断します。

資金調達についてもっと深掘りすれば、長期契約で金融機関複数との関係性を構築することをアドバイスするコンサルタントであれば、優秀なコンサルタントだといえるでしょう。資金調達は、プロに言わせれば長期戦です。

１回借りるだけならそれこそ日本政策金融公庫で借りればいい。でも、経営は何年何十年と続けるわけですから、予期せぬ事態に備えて複数の金融機関から常に借り続けるべきなのです。

もちろん、これは私の考えでもありますが、本書にも登場した小堺桂悦郎先生の指南です。小堺先生のクライアントは、常に潤沢な資金をもとに経営をしています。コロナ禍でのコロナ融資は、すべてのクライアントが大型融資に成功しました。なかには億を超える資金の借り入れに成功したクライアントもあったそうです。

選ぶポイントは、長期契約で逃げないコンサルタントであること。複数の金融機関からの借り入れを推奨していること。実績があること。これだけ。報酬については、資金調達額との兼ね合いで考えるといいでしょう。

年間調達額が１０００万円を超えるなら、10％くらいは報酬として支払ってしかるべき。たった１００万円で１０００万円以上の資金を常にプールできるわけですから、払ってしまった方が経営が楽になります。

「1000万円のうち、10%も取られるの？」という考えは、まだまだ経営者として未熟な証拠。その10%がなかったら、1000万円はないのですから（場合によっては、もっと調達できることもあるわけで）。

ちなみに、小堺先生の顧問料は月額最大で10万円。年商が1000万円でも10億円でも10万円です。この金額で資金調達し放題って、普通に考えるとちょっとすごいと思うんですけど。ほかのコンサルタントも、月額制が多く、月額のコスト比で考えるのではなく、資金調達できた金額との対比で考えると良いでしょう。

補助金コンサルタントは、稀有な存在

次は補助金コンサルタント。優秀な補助金コンサルタントを見つけたら、絶対に手放さないようにしてください。なぜなら、補助金業務は高度。法律関連の手続きの中でも最高難易度を誇るひとつの業務だからです。

難しくて面倒なんです、補助金申請って。手引きだけで数百ページあるものが存在するくらい。だから、できる人は貴重なんです。

まず、補助金そのものの性質について改めて。助成金が条件を満たせば確実に受給できるのに対して、補助金は「採択」というプロセスがあり、最終的に補助金を出すかどうかは行政が決めます。

ですから、要件を満たしているからといって、絶対に出るものではないのです。そして、補助金は後払い。つまり、使った費用に対して支払われるものなので、出費は先になります。

では、何が採択されるかされないかの差になるかといえば、「書類の内容」の差。つまり、補助金コンサルタントの実力の差なのです。補助金申請については、それだけ属人的な、いわゆる職人芸になります。ですから、繰り返しになりますが、補助金業務を専門的に行える人は、本当に貴重なのです。

注意したいのは、本当に誰でも簡単にできる業務ではないということ。例えば、行政書士や税理士のサイトに「補助金申請も受け付けます」と、事務所の強みを謳っている士業がいますが、これは怪しいところ。これを言ったら本当に業界に総スカンだと思うのですが、事実なので言っちゃいますけど、**「受け付ける」のと「申請して受給できるレベルの仕事ができる」のは大きく違います**。

だから、表記している事務所にはきちんと確認すべきです。「本当に補助金申請の実績あるのですか？　採択率はどのくらいですか？」って。

少なくとも、ただ「受け付けます」の事務所は、あなたの会社にとって最適な補助金を探すこともしないでしょうし、言われたら渋々受けるというのが関の山（中にはちゃんとできる事務所もあります）。この点、注意が必要です。

補助金業務の報酬体系は、着手金＋成功報酬というところがほとんどです。中には着手金なしのところもありますが、補助金が後払いになる以上、着手金のないコンサルタントは、自信があって経営に余裕があるか、あるいはその逆で自信がないから着手金が取れないのかのふたとおりの場合があるので、そのあたりは様子をうかがいましょう（さすがに直接は聞けないと思いますので）。

補助金業務は、スポットで依頼することも、顧問契約を結んだ上で依頼することもできます。普通に考えれば、スポットで必要な補助金だけ申請をお願いするというのがベストのように見えますが、これは顧問契約を締結するのがベスト選択です。理由は次のとおり。

(1) 補助金の情報を探すのが大変①

助成金の内容が変わるのは、年1回。毎年4月に厚生労働省から発表されます。1年間は原則として変更がありません。これに対して、補助金の募集（公募といいます）は、おおよそのスケジュールは決まっていますが、確実性がありません。ですから、スポットで依頼するというのは、あなたが情報を探すということになり、これが大きな負担になります。顧問契約であれば、コンサルタントが情報を探してくれます。あなたの負担はありません。

(2) 補助金の情報を探すのが大変②

一般的に「補助金」というと、経済産業省から出ている補助金のことを指します。「ものづくり補助金」や「ＩＴ導入補助金」などがその代表例です。ところが、補助金が出るのは経済産業省からだけではなく、市区町村からも出ることがあります。

しかも、全国の市区町村で種類が異なる。しかも募集期間が２週間だけ、みたいなスピード勝負の補助金なんかもときどきあり、やはり補助金の情報を追うのは大変で、その情報収集から任せられるコンサルタントと顧問契約を結ぶべきなのです。

(3) インハウス（内製化）では、組織が疲弊する

補助金申請は、単発でも大変な業務です。ですから、社内でこれを処理しようとしても、相当専門性の高い知識が求められるわけで、いち社員に任せるのはかなりの重荷です。まず、内製化は難しい。外部のコンサルタントに依頼するのがベストになります。

要は、「補助金をもらい続ける仕組み」をつくることがベストです。スポットで依頼することでも可能ではありますが、経営の状況をその都度伝えなければならず、時間と労力が取られます。

そのほか、どの時期にどの費用を支払うかなど、ひとつひとつ補助金の要件に合わせて判断しなければならなくなり、やはり計画的・長期的に任せられるコンサルタントと組むのが良策。別の言い方をすれば、あなたの補助金申請について、主導権を握ってくれるコンサルタント。これがベストです。

(4) 補助金は、長期的・計画的に実施することが肝要

これも資金調達と同じ考えで、年間の顧問報酬でどれだけ年間補助金を受給できるか。その対比で考えましょう。**資金調達、補助金、そして助成金とこの3本柱で資金調達を実施することが、プロ士業のひとつの醍醐味**だと言えます。

コンサルタントの選択基準は、言うまでもなくやはり実績です。どの補助金をどの程度こなした経験があるのか。採択率はどの程度か。これも秘密の質問ですが、補助金コンサルタントの実力を見抜く質問をひとつ。

「一般的な採択率はどのくらいですか?」

とまず聞き、回答が出たら、

「あなたに依頼すると、採択率はどう変わりますか?」

と聞くもの。例えば、東京都渋谷区に事務所を構える合同会社G&Nの代表取締役、広川元基氏は高難度な補助金も取り扱える超専門の補助金コンサルタント。彼に依頼すると、通常50%~60%の採択率の補助金も、70%~80%になります。

これは殺し文句みたいなものですね。「一般的な採択率は半分くらい。うちなら7、8割は採択されます」と自信を持っていえるコンサルタントに長期で依頼することができれば、あなたの会社もより様々な投資が可能になることでしょう。

士業は経営コンサルタントになりえるのか?

資格の種類を問わず、「経営コンサルティングが可能」と表記している士業事務所も多数あります。では、本当に士業に経営コンサルティングが可能かといえば、それには少し疑問符がつきます。

ここでは主にマーケティング的なコンサルタントの意味合いで解説しますが、もちろん資格の種類など関係なく、コンサルタントは実力至上主義です。ですから、資格があろうともなかろうとも、実力のあるコンサルタントは存在します。

ただし、「士業だから経営のことがわかる」かといえば、そうではありません。あくまでコンサルティングは属人的な仕事であり、人によって実力は驚くほど違います。そこはやはり実力勝負です。できる士業もいるし、できない士業もいるとしか言えません。ただし、目安はあります。

まず、自分の事務所で結果を出していること。これが大前提です。

自分の事務所の売上を伸ばせないようでは、やはりそこに実力があると確信するのは難しいでしょう。ただし、これもだいぶセンシティブな話なのですが、売上が伸びている＝経営コンサルタントとしての実力があるとも言い切れないのが事実なのです。

これはどういうことか。例えば、税理士の扱っている仕事は「税務申告」。法人、個人に法律で義務付けされているものであって、選択できるものではなく、永続的に行わなければならないもの。そういう意味では、地道に仕事を続けていけば、紹介で仕事は増えていきます。

そして、よほどの事故がない限り、やはり税理士を替えることはまずありません。それが果たして経営力の高さからくる売上増なのか、制度によって守られた売上増なのか。それが単に売上増だけでは判断できないところが難しいところです。

士業に経営コンサルタントとして仕事を依頼するのであれば、どれだけ主体的に売上を伸ばしてきたか。紹介や結果論ではなく、自分の事業拡大を自分の言葉できちんと説明できるか。それにつきます。

もちろん、前述のとおり、士業の中にもとんでもない経営者やマーケティングコンサルタントは存在します。

創業からたった1年で池袋のサンシャイン60に事務所を構え、現在は全国に60以上の拠点を持つモンスター的法律事務所を創り上げた石丸幸人弁護士。弁護士としては初のマザーズ上場となった弁護士ドットコム代表の元榮太一郎弁護士。こういう頭ひとつ以上飛び抜けた経営者からは、多くのことを学べるでしょう。

私ももともと行政書士の出身ですが、現在はマーケティングコンサルタントやセールスライターとしても国内トップレベルにいる自負がありますけれど、行政書士だから、弁護士だからこうなれたわけではなく、それぞれのたゆまぬ努力があったからこそ、といえます。

経営コンサルタントを選ぶ基準

本書はあくまでプロ士業の選び方になりますので、コンサルタントの選び方まではカバーしきれません（ご要望があればいつでも書く気ではいますけど）。

ただ、正直士業とコンサルタントの境界線ももはやあってないようなものなので、コンサルタントの選択条件についても、少し言及しておきますね。もちろん、選ぶときは実績重視です。

(1) 専門領域が明確

販促、経営戦略、顧客リピート、マーケティング、ネット集客、ジャンルは何でも良いのですが、専門領域がハッキリしているコンサルタントは、依頼しやすいと言えます。

(2) 専門業界が明確

業界に精通しているのも、依頼しやすいコンサルタントだといえるでしょう。専門領域があるコンサルタントは、その専門性に関してはすべての業界に通じ、業界に通じているコンサルタントは、その業界のあらゆることに精通している、と考えるとわかりやすいです。

⑶ 結果が明確

クライアントが結果を出していること。これもわかりやすい選択基準でしょう。手段がセミナーであれ、コンサルティングであれ、結果を出していることが重要な選択基準です。

⑷ 理念が明確

コンサルティングには仕入れが要りません。極めて利益率の高い商売です。そして、結果はやはり水もの。

コンサルティングを実施しても、動くのは結局クライアントなので、結果が出なくてもなんだかんだ言い訳ができます。

だから、詐欺的にやろうと思えば、いくらでも詐欺的にできる。だからこそ、「なぜ、コンサルタントをしているのか？」「何のためにコンサルタントをしているのか？」こうした理念が明確な人に依頼すべきです。

ただ、その理念もいくらでも作ろうと思えば作れてしまうのが、また見抜くことを難しくしているんですけどね。

第7章

「もっと評価されるべき」プロ士業

個人的には、もっと報われてほしい存在

さて、本章は長い「あとがき」のようなものです。プロ士業の選び方は、これまでの章ですべて解説してきたつもりです。

もっとも、1冊では書ききれないくらい士業というのは使い方によっては本当に重宝する人材なので、いずれまたお目にかかれればと思います。

ここからは、私が個人的に経営者であるあなたに伝えたい士業のこと。これまで何度も説明してきたとおり、士業の実力も人間性も本当に属人的で、「士業」とくくるのが難しいほど。

ただ、どの士業にもいえるのが、基本的には真面目で、いわゆるお硬いイメージはそのとおりでもあり、勉強熱心な人種です（そうでない方もいますけど）。

ある種、資格に騙されてしまった人たちでもあります（苦笑）。私もそうなんですが、行政書士を取れば人生バラ色だと思ってました。国家資格さえ取ってしまえば、収入も高いだろうし、いろんな人から尊敬されるだろうしと思っていましたし、多くの士業がそう考えて資格を取ったはずです。

それがまさか資格を取っただけでは仕事がくるはずもなく、自ら営業もしなければなら

ないなんて……と書いてしまうと世間知らずという感じがしてしまいますが、ある種それだけの思い込みで何年も受験勉強に没頭できるのですから、ピュアな人種であるとも言えます。

そうやって難関試験をくぐり抜け、力を発揮して世の中に貢献したい、真面目にそういった社会貢献を考えている人もいますし、正義の弁護士よろしくお金に執着がない人も多数。純粋に人の役に立ちたいと思っている人も多いのです。

もちろん、世の中は資本主義。経済は競争です。ですから、生き残れるかどうかは本人の努力次第ですので、当人たちは営業努力も重ねています。しかしながら、士業は営業させるより、勉強させた方が良いのです。

そうして、彼ら彼女らの才能を使って、あなたの会社を儲からせる。その結果、多くの士業の努力も報われるし、もっと報われる存在であってほしいと考えています。

ミスの許されない「法律の世界」

法律学は解釈学です。条文をどう解釈するか。そういう学問です。ですから、大学の講義などでは、この状況下でどのような法律構成が考えられるか、など考えることが要求されます。授業であれば、のんびり六法を眺めることができるし、間違った解釈をしても、教授に訂正してもらえる。そういう意味では、面白い学問だと思います（私も法学部出身です）。

しかしながら、現実ではたったのひとつもミスは許されません。イレギュラーな案件や前例のない状況を除き、司法書士は登記が却下されるなんて許されませんし、税理士は計算が1円でも間違っていたら「使えない」認定されてしまう。

弁護士だって、どうあがいても勝てない訴訟を受けて敗訴することもあるし、助成金はお客のせいであっても1日でも申請日を過ぎたら受給することは不可能になってしまう。ミスゼロがスタンダードなんです。

ほかの業界と比べて、圧倒的に厳しいとは言いません。しかしながら、基本的にノーミスで1年を過ごさなければならない。手続き系の仕事であれば、朝の8時半から夕方17時の間。もし提出した書類にミスがあれば、行政から連絡が来ます。

この電話が鳴らないよう、祈るわけです。これはベテランだろうが1年目だろうが、その気持ちに差はありません。

常に挽回の利かない仕事と戦っており、その内容が法律であり、また高度であることから、なかなかクライアントには理解されない。「誰がやっても一緒でしょ」となる。

でも、本書で説明したとおり、同じじゃない。そして、高度な仕事を早く正確に行わなければならないのが、士業という職業なのです。

常に追われる法改正、新法、理不尽な行政との戦い

ノーミスがスタンダードというだけが厳しい環境ではありません。法律は目まぐるしく変わります。コロナ禍でも雇用調整助成金に関しては、要件や提出書類の内容がコロコロ変わりました。それによって、これまで準備してきたことが無意味になってしまうことがあるし、常に法律の変化を追い続けなければなりません。この情報収集に終わりはないのです。

つまり、ルーティンワーク化も難しい。昨年は無難に過ごせたから、今年は現状維持で。そんなことはまかり通りません。老眼鏡を片手に通達を読み込み、レイアウトの整っていない読みにくい政府のサイトを読み、業界紙を定期購読し、情報に対する投資を常に続けている。

そういった事情を経営者は知ることがない。だから、簡単に値引き要請をしてしまうわけです。まあ、それを受けてしまう士業も悪いんですけど。

加えて、行政手続きをするのであれば、相手は当然行政になります。一般的に行政は「融通が利かない」と言われますが、実際にそのとおりで、法律的には通る書類であっても「前例がない」と断られたり、他の地域では通ったのに申請先の行政からは慣習で別の

書類を求められたり。理不尽という言葉がありますが、私自身なんども行政書士として理不尽な思いをしました。

でも、相手が行政なので、これ以上のことはできない。常に顧客との間で板挟み状態。こういうとき、責められるとなかなかきついもので、解決できない問題というのは、なんともつらいものなのです。

こういった中でも、学ぶことをやめず、クライアントのために日夜業務に勤しんでいる。それが士業という存在なのです。

あなたの代わりに、士業に学んでもらう

すでに解説済みのことですが、士業はやはり学習ということに関しては、飛び抜けて長けています。でも、あなたへの積極的な情報提供は、そもそも頭にない。基本的には「待ち」ですから、依頼をもとに粛々と仕事をする存在です。

ですから、あなたが主導権を持って、士業を使い倒す。そのくらいの認識で合っています。もっと要求すれば、もっと成果を上げてくれる。そういう存在です。

私もいち会社経営者なので、顧問弁護士、顧問社労士、顧問税理士がいます。私の目的としては、手続き関連と困った時の相談が最大の目的なので、低額の顧問料で都度別途報

酬を支払うという方式を取っています。

でも、いつも聞き方としては「こんなことってお願いできますか？」「こういうことも相談していいですか？」と常に士業の枠を超えた相談をしています。ときに、顧問士業に驚かれることもありますが、それでいいのです。

もう、士業の業務の枠なんて考える必要はありません。何か関連したら、関連しなくても、近いと感じたら、士業にできますか？　と聞いてしまいましょう。あなたの代わりに学んでもらい、あなたの代わりに調べてもらう。積極的な活用をお勧めします。

多少、重たいかなぁという感じでも問題ありません。報酬が必要なら提案してもらえばいいし、そこは普通の商取引といきましょう。頼みやすい伝え方としては、「○○の仕事って先生にお願いできますか？　報酬がかかる場合は、遠慮なくおっしゃってください」です。私はいつもこれだけ。もう今後、あなたが勉強する必要はありません。士業に学んでもらい、それを短時間で教えてもらえばいいのです。

取材でもっとも多かった「報酬の値下げをやめてほしい」

本書執筆にあたって、複数の弊社会員士業に取材を敢行しました。私は士業専門のコンサルタントで、誰よりも士業の経営に詳しいという自負がありますが、個別士業の深いところまでは熟知しておらず、多くの会員士業に助けられた上で本書は完成しています。
その中で、経営者に対してメッセージはあるか？　との質問に、多くの会員士業がこう答えました。

「報酬の値引きだけは、やめてほしい」

と。これは何も私が士業側だから、こういうメッセージを載せるわけでも、士業の支持を得たいから掲載するわけでもありません。これが士業の仕事の質を下げる最大の要因なのです。

前述のとおり、士業はもともと報酬規程があり、誰がやっても報酬額が決まっていました。もちろん、現在の自由経済社会の中では、大変不自然です。そのため、現在は完全に自由になっています。

２０００年以降、インターネットが普及し始めてから、それまで営業とは無縁の世界だったこの世界も、競争を強いられるようになり、マーケティングを知らなかった前世代の士業は、最悪の手段を取ってしまいます。それが「値下げ」です。

例えば、「0円設立」など、価格が暴落した会社設立手続きなどは、そもそも50万円とか60万円取っても良い仕事でした（当時は「日当」とかもあったので、かなり報酬は高かったといえます）。ところが、報酬が自由化してから、営業をしてこなかった士業は、仕事を取るために価格を次々と下げていったのです。まあ、これは士業が悪い。

その結果、先生と呼ばれる存在から業者扱いに近くなる士業も出てきて、より価格は下がっていきました。こうして、いまの相場感につながります。ですから、いまの価格はそもそも過去に比べてだいぶ安いのです。

前掲のとおり、士業の仕事はなかなか高度です。ミスも許されません。価格が下がったからといって、ミスが許されるようになるわけではありません。０円設立だとしても、希望の設立日に登記できなかったら、誰だって激怒するでしょう。

価格が下がるということは、数をこなさなければならなくなるということで、ひとつひとつの品質は必ず下がります。そうなると、「調べる」「学ぶ」「考える」などの士業の良さが生かせなくなってしまうわけです。

ですから、もしあなたが士業に依頼するなら、報酬額にフォーカスするのではなく、結果に注目すべき。高い報酬を支払い、その報酬を超える結果を士業に出させる。そのためには、安い報酬ではなく、高い報酬を支払うべきです。

あなたが求める結果以上のものが出れば、報酬額が多少高くてもいいでしょう？　値下げする人は、必ず値下げをされます。経営者であれば、あなたも気持ちは同じのはずです。高い報酬をもらったら、きっと良い仕事をするはず。高い報酬をもらえたら、ゆとりをもって１件１件の仕事に集中できる。こうして士業を使い倒すべきなのです。

士業個人も、業界そのものも変わろうとしている

全般的に、士業は遅れている業界です。やれITリテラシーがないだ、紙媒体でいつまでも仕事を続けているだ、様々な言われようです。私が開業した2003年なんて、メールアドレスすらない士業がほとんどでした。

いわんや、ホームページなんて持っていたら、「IT革命!」とか言われていたし、すごい時代だったなと思います。まあ、だから私はネット営業に特化したり、その業界の遅れがあったからこそ生き残れたとも言えますけど。

しかし、士業全体も、個人も変わろうとしています。LINEやSlack、Chatworkでコミュニケーションが取れる事務所もスタンダードになってきました。Zoomだって使えます。まあ、この程度はほかの業界にしたらある種当たり前のことなのかもしれませんが、少しずつ士業も成長しています。

クラウドサービス、RPAなどを活用する事務所も徐々に増えてきました。マーケティング、経営、コミュニケーション。拡張性の高い個性のある士業も増えています。各士業の業界団体も、なんとか世の中のため、国民のためと思って改革を進めています。

士業って、何のために存在するか、各業法で決められているんです。その多くの表現を

総括すると、こんな感じで書いてあります。

■国民の利便に資する

と。結局は、自分のためでもあるんですけれど、利他精神の強い人たちなんです。ですから、うまく使ってやってください。あなたが積極的になればなるほど、ポテンシャルを発揮します。そして、きっと本書のとおりプロ士業を活用すれば、あなたもきっと思うでしょう。

「士業はもっと評価されるべき」

と。

おわりに――間違って本書を手にとってしまった士業のあなたへ

全部、書いちゃいました。本書の内容に、怒り狂っている士業もいるでしょう。「そんなことバラすな」って。でも、きちんと実力を身につけようとしているまっとうな士業であれば、むしろこの本は追い風になるはずです。だって「士業を実力で見極めよう」って言っているわけですから。むしろ、士業にとって良いことを書いたつもりです。

困っているのは、サボってきた士業でしょう。なーんにも提案せず、なーんにも努力せず。そしてコロナ禍にも逃げたような士業。もし、本書をもとに契約を切られたとしても、本書はあくまできっかけであって、本質は違いますからね。悪しからず。

さあ、間違って本書を手にとってしまった士業のあなたへ。本書は、実力の高い士業を見極める方法を解説した書籍になります。それはつまり、逆の視点でみれば、本書に書いてあるようなことができる士業が「選ばれる」ってことです。気づきました？　ですから、本書は経営者にとっては「士業の選び方」ですが、士業のあなたにとっては「選ばれる技術」を指南した本ともいえます。

本書の中では、プロ士業を結構レベル高く定義しています。ですから、もしかしたら「こんな高度な専門家になれない」とお考えの士業もいるかもしれない。でも、あなただって、格好良い士業になりたくてこの道を選んだんでしょう？　高度な知識、豊富な経験。本当の意味で先生と呼ばれる存在。

難しいこと、高度なことに取り組むから「プロ」なんです。

それが士業を目指した人の矜持ってもんでしょう。

ともに格好良い士業を目指しましょう。

あなたも「士業」なのですから。

【取材協力者一覧　Special Thanks】

有限会社小堺コンサルティング事務所　http://www.kozakai-keietsurou.com/

KOMODA LAW OFFICE（弁護士法人菰田総合法律事務所）
https://www.komoda-law.jp/lawyer/lawyer_komoda/

渡辺税理士事務所　http://www.watanabezeirishi.com/

弘乃舎株式会社　https://kumon-21.com/introduction

行政書士・川添国際法務事務所　https://www.gaikoku-jin.com/office

社会保険労務士事務所シエーナ　https://sce-na.net/

社会保険労務士法人 東京中央エルファロ　http://elfaro-sr.jp/

湯澤社会保険労務士事務所　https://office-yuzawa.com/

新宿西口総合事務所　https://westgate-office.tokyo/

手塚司法書士事務所　https://office-tzk.biz/

ネオフライト国際商標特許事務所　https://www.neoflightpat.com/

著者プロフィール

1979年、埼玉県行田市生まれ。パワーコンテンツジャパン株式会社代表取締役。WORKtheMAGICON行政書士法人代表。特定行政書士。専修大学法学部在学中に行政書士資格に合格。2003年、23歳で行政書士事務所を開設し、独立。2007年に士業向けの経営スクール『経営天才塾』（現：LEGAL BACKS）をスタートさせ、創設以来、全国のべ1,700人以上が参加。士業向けスクールとして事実上日本一の規模となる。

著書に『小さな会社の逆転戦略最強ブログ営業術』（技術評論社）、『資格起業家になる！ 成功する「超高収益ビジネスモデル」のつくり方』（日本実業出版社）、『お母さん、明日からぼくの会社はなくなります』（角川フォレスタ）、『士業を極める技術』（日本能率協会マネジメントセンター）、共著で『合同会社（LLC）設立＆運営 完全ガイド ―はじめてでも最短距離で登記・変更ができる！』（技術評論社）などがある。

会社を救うプロ士業　会社を潰すダメ士業

——税理士・公認会計士・行政書士・社労士・司法書士・弁護士の選び方、使い方

二〇二〇年一一月一二日　第一刷発行
二〇二〇年一二月一〇日　第二刷発行

著者　横須賀輝尚

発行者　古屋信吾

発行所　株式会社さくら舎　http://www.sakurasha.com
東京都千代田区富士見一-二-一一　〒一〇二-〇〇七一
電話　営業　〇三-五二一一-六五三三　FAX　〇三-五二一一-六四八一
編集　〇三-五二一一-六四八〇　振替　〇〇一九〇-八-四〇二〇六〇

装丁　長久雅行

カバーイラスト　©tiquitaca-stock.adobe.com

本文組版　有限会社マーリンクレイン

印刷・製本　中央精版印刷株式会社

ISBN978-4-86581-271-8